中华传统文化读本

国学智慧

好读传统文化故事
讲好传统文化故事

曾经 主编
曾国平 撰文

重庆大学出版社

图书在版编目（CIP）数据

国学智慧：讲好传统文化故事 / 曾经主编；曾国平撰文. —— 重庆：重庆大学出版社，2021.3（2025.7重印）

ISBN 978-7-5689-2589-1

Ⅰ.①国… Ⅱ.①曾…②曾… Ⅲ.①中华文化—通俗读物 Ⅳ.①K203-49

中国版本图书馆CIP数据核字（2021）第040360号

国学智慧：讲好传统文化故事
GUOXUE ZHIHUI : JIANG HAO CHUANTONG WENHUA GUSHI

曾　　经　主编
曾国平　撰文

责任编辑：赵艳君　　版式设计：马　恺
责任校对：邹　忌　　责任印制：赵　晟

重庆大学出版社出版发行

社址：重庆市沙坪坝区大学城西路 21 号

邮编：401331

电话：（023）88617190　88617185（中小学）

传真：（023）88617186　88617166

网址：http://www.cqup.com.cn

邮箱：fxk@cqup.com.cn（营销中心）

全国新华书店经销

重庆正文印务有限公司印刷

开本：720mm×1020mm　1/16　印张：18　字数：188 千
2021 年 4 月第 1 版　2025 年 7 月第 4 次印刷
ISBN 978-7-5689-2589-1　定价：42.00 元

畅游在国学智慧的海洋

　　国学热席卷华夏大地，沉寂数十年的中华传统文化何以热起来了？

　　因为，我们要坚持道路自信、理论自信、制度自信，尤其是要坚持文化自信，而文化自信的底气来源于我们的国学，也就是优秀的中华传统文化。

　　因为，中华优秀传统文化是中国的根、民族的魂，它为天地立心，为生民立命，为往圣继绝学，为万世开太平。

　　因为，一个没有文化、没有传统文化的民族，就没有根基、没有灵魂，就没有层次感，心是飘着的，不可能长久地立于世界强国之林，得不到世界其他民族的尊敬。

　　因为，一个国家，经济落后，可以赶超，生态破坏，可以修复，但文化尤其是优秀传统文化的缺失、丢失或扭曲，文化中的价值观特别是核心价值观的缺失和扭曲，对国家、民族、人民的伤害是无法估量的，甚至是永远无法还原、弥补、修复的！

　　因为，学习和继承中华优秀传统文化，能够增强做中国人的骨气和底气。中华优秀传统文化是我们最深厚的文化软实力，是我们文化发展的母体，积淀着中华民族最深沉的精神追求。

因为，中华优秀传统文化已经成为中华民族的基因，植根在中国人的内心，潜移默化地影响着中国人的思维方式和行为方式。中华优秀传统文化，是中华民族的突出优势。

因为，我们的奋斗目标是不忘初心，牢记使命，实现中华民族的伟大复兴，从站起来，到富起来，再到强起来，最终实现中国梦！强起来，不仅要靠经济、科技、军事、资源、生态等硬实力，而且要靠制度、体制、机制、人才、国民素质、优秀文化、核心价值观等软实力。

因为，中华优秀传统文化会使我们的硬实力更硬，也可以说它就是一种硬实力，文化是中华民族的最大优势、最大竞争力！

所以，学习、传承、发扬我们的国学——中华优秀传统文化，讲好中华优秀传统文化故事，是我们的责任担当，也是我们的光荣使命！

国学即中华优秀传统文化，充满了古人的智慧，更是我们必读的经典，对我们的生活、工作、学习、人际交往，都大有裨益！

责任心驱使我将曾国平教授所做的许多场演讲（包括许多场国学、传统文化演讲）中具有智慧性、趣味性的 100 个故事进行整理加工，并请曾教授为每个故事写了感想、"悟道"体会，并附上曾教授的 100 首"打油诗"，最终编撰完成本书。

这些故事，不是历史，不一定真实，有的甚至是神话，对这些故事的理解全凭读者感悟。"说它是历史，它就是，不是也是；说它不是历史，它就不是，是也不是。"但它们却是鲜活的，有历史依据的，它们从历史中来，面向现实，细细阅读可以品出一些历史味儿，对现实或许有启迪；它们不是古诗词，没有古诗词的平仄，没有规整的格律，可能最多算顺口溜，但它们是曾教授真情的流露、情怀的展现，读后能感受到情感流畅飘逸，正能量满满。

我把这本有一定文化气息、有一定国学味道、有一定文化品质、有一定趣味故事的作品奉献给读者，以期为一些热爱国学、喜欢中华传统文化的人提供一些学习素材和启发。

本书的成形，借鉴了国内不少学者的成果，也让曾国平教授一再费心，并得到了重庆大学出版社领导和编辑的热情帮助，在此一并致谢！

曾　经

2021 年 2 月于重庆大学城

目录

1. 孔子讲仁者无敌

有一天，孔子的学生子路身着戎装，全副武装地来拜见孔子。见到孔子后，子路拔出剑就舞了起来。

子路舞了一会儿剑，问老师孔子："夫子，古时的君子，也是用剑来自卫的吧？"

孔子答道："古时的君子，以忠义为人生追求的目标，用仁爱作为自己的护卫之技，虽然足不出户，却知道千里之外的大事。遇到对自己不友善的人，就用忠实诚恳的态度来感化对方；遇到恃强凌弱的事情，则用仁义道德进行抵制。这样，又何须持剑使用武力呢？"

子路听了有所悟，敬佩老师，感慨道："啊！我今天才听到这样精妙的话，我记住了，仁者无敌。今后，我要至诚恭敬地向您请教啊！"

趣事有感

有人说，国学第一学是儒学。

儒学，一般是指儒家思想、儒家文化、儒家学说。为春秋时期孔丘所创，倡导仁人君子之道，提倡修身养性、仁义道德，其中心思想是恕、忠、孝、悌、勇、仁、义、礼、智、信，其核心是"仁"。

以"仁"为核心，形成了完整的儒家思想体系，成为中华传统文化的主流，影响深远。

它是中国影响力最大的学术流派。

孔子的《论语》，20篇，15 900多字，据说提到"仁"字的有100多处。

有人说，许多老师讲国学"之乎者也"，摇头晃脑，解释这个字，解释那个词，就是不讲"仁"这个字，不突出"仁"的意义，这样讲国学是不对的或者说没有抓住核心。

孔子对子路讲的那一番话，很能体现儒家思想，很能体现"仁"的深刻含义。

宝剑固然很锋利，枪炮固然很厉害，但是，仁爱才是最强大的力量，仁者无敌！

这真是：

儒学乃国学主体，仁爱乃儒学核心。仁者无敌于天下，仁能不战屈人兵。

2. 砖头石头选哪个

传说老子骑青牛过函谷关，在函谷府衙为府尹留下洋洋洒洒五千言的《道德经》。

一天，有一位年逾百岁、鹤发童颜的老翁来到府衙找老子，老子在府衙前接待了老翁。

老翁对老子略略施了个礼，说："听说先生博学多才，老朽愿向您讨教个明白。"老子点头称是。

老翁得意地说："我今年已经一百零六岁了。说实在话，我从年少到现在，一直游手好闲地轻松度日。与我同龄的人都纷纷作古，他们开垦百亩沃田却没有一席之地，修了长长的城池而未享辚辚华盖，建了四舍屋宇却落身于荒郊野外的孤坟。而我呢，虽一生不稼不穑，却还吃着五谷；虽没置过片砖只瓦，却仍然居住在能避风挡雨的房舍中。先生，是不是我现在可以嘲笑他们忙忙碌碌劳作一生，只给自己换来一个早逝呢？"

老子听了，微然一笑，吩咐府上人说："请找一块砖头和一块石头来。"

老子将砖头和石头放在老翁面前说："如果只能择其一，仙翁您是要砖头还是愿取石头？"

老翁得意地将砖头取来放在自己的面前说："我当然择

取砖头。"

老子笑着问老翁："为什么？"

老翁指着石头说："这石头没棱没角，没形没状，取它何用？而砖头可是有用的呢。"

老子又问围观的人："你们是要石头还是要砖头？"

众人都纷纷说要砖头而不要石头。

老子又回过头来问老翁："是石头寿命长呢，还是砖头寿命长？"老翁说："当然石头了。"

老子释然而笑说："石头寿命长，人们却不选择它；砖头寿命短，人们却选择它。不过是有用和没用罢了。天地万物莫不如此。寿命虽短，于人于天有益，天人皆择之，皆念之，短亦不短；寿命虽长，于人于天无用，天人皆摒弃，倏忽忘之，长亦是短啊。"

老翁听了，惭愧地点了点头。

趣事有感

老子乃世界文化名人、历史名人，与庄子并称"老庄"。我一直比较喜欢"老庄哲学"，对道学、老庄哲学的精髓"道法自然，无为而治"更是喜爱有加。

在道教中，老子被尊为始祖，并被称为"太上老君"。在唐朝，老子被追认为李姓始祖。

老子存世作品有《道德经》（又称《老子》），是全球文字出版发行量最大的著作之一。

20世纪80年代，据联合国教科文组织统计，在世界文化名著中，译成外国文字出版发行量最大的是《圣经》，其次就是《道德经》。

老子思想对中国哲学发展具有深远的影响，其思想核心是朴素的辩证法。

在政治上，老子主张无为而治、不言之教；在权术上，老子讲究物极必反之理；在修身方面，老子讲究虚心实腹、不与人争的修持。

读了多遍"砖头与石头"的故事，虽然只是民间传说，却富有哲理，让人折服，从故事中能领悟到老子、道家那长处与短处、有用与无用的充满辩证法的思想。

真是个：

砖头石头怎取舍，孰长孰短谁知晓？自然万物有无用，辩证思考第一道！

3. 求佛求到家门口

很久以前，一个小伙子痴迷佛学，撇下与之相依为命的母亲，远走他乡去求佛。他经历了千辛万苦，走过了千山万水，一直没有找到他心中真正的佛。

有一天，小伙子来到一座宏伟庄严的庙宇，庙里的方丈是位得道高僧，小伙子虔诚地在大师面前一跪不起，苦苦哀求大师给他指出一条找佛的道路。

大师见小伙子如此痴迷，长叹了一口气，对他说："你从哪里来，还回哪里去。当你在回去的路上，走到深夜，敲门投宿的时候，如果有一个人给你开门时赤着脚，那个人就是你要寻找的佛。"

小伙子听后欣喜若狂，多年的心愿终于有了实现的希望。他告别大师，踏上了回家找佛的道路。

小伙子走了好几个月的时间，中间有许多次是半夜才看到路边有亮灯的人家，他一次次满怀希望地敲门，却一次次失望地发现，那些给他开门的人，没有一个是赤着脚的。

越往家里走，小伙子越失望。眼看着就快到自己的家了，那个赤脚的佛依然没有踪影。

当他在一个风雨交加的后半夜，走到自己家的门前时，他甚至沮丧得连门都没有劲儿去敲了。他觉得自己是个大傻

瓜，世界上哪有什么佛啊！

他又累又饿，无奈地敲响了自己的家门。

"谁呀？"那是自己母亲苍老的声音。

他心头一酸："妈，是我，我回来了。"

只听屋里一阵噼啪乱响，不一会儿，母亲衣衫不整地开了家门，哽咽着说："儿啊，你可回来了！"母亲一边说一边把他拉到屋里。

灯光下，憔悴的母亲流着泪，用无限爱怜的双手在他的脸上抚摸，泪光里分明是满足的笑容。

小伙子一低头，蓦然看到母亲竟然赤着脚站在冷冰冰的地上！天哪！小伙子突然想起了高僧的话"深夜、赤着脚、开门"。

他大喊一声"天啊"，"扑通"一声跪在母亲的面前，泪如泉涌："母亲、妈、娘……"

这一刻，儿子顿时大彻大悟！

活佛在哪里？就在我们的身边！亲情是佛，母爱是佛，父母才是应该去敬的活佛啊！

趣事有感

佛教（佛学），本是印度传到中国来的，它怎么也算"国学"呢？怎么也是中华传统文化呢？

公元前 67 年左右，印度佛教传入中国，经长期在中国的流传与发展，形成了具有中华民族特色的中国佛教。由于传入的时间、途径、地区和民族文化、社会历史背景的不同，中国佛教形成三大语系，即汉传佛教（汉语系）、藏传佛教（藏语系）和云南上座部佛教（巴利语系）。

笔者去过印度，本以为印度这个国家人人信佛，因为佛教毕竟是从那里传到中国来的。去了一看，其实不然，印度信佛的人并不多，绝大多数人信奉的是印度教。

佛教的核心是什么？佛教的精髓是什么？可能没有统一的说法。

2018年8月，笔者与夫人一起去海南的三亚，浏览了三亚的佛教文化公园，公园里的三面观音令我们印象深刻。有人说，这座三面观音是"中国的自由女神像"。

进入公园，一位40岁左右的先生自告奋勇地给我们有偿讲解。讲解了两三分钟，我发现他的讲解不太专业，因为我去过国内外许多地方旅游，听过很多专业人士的讲解，有所比较。于是，我就问这位讲解员先生："您是哪个旅游学校毕业的？"这人说他不是旅游学校毕业的，是某佛学院毕业的。我一听就来劲儿了，因为我做国学、中华传统文化的演讲，要涉及佛学、佛教（尽管我不信教）。我就有意考考他，对他说："六祖慧能大师的《菩提偈》很有意思！"

这位先生马上就接过我的话说："神秀说：'身是菩提树，心如明镜台。时时勤拂拭，莫使惹尘埃。'而六祖慧能的《菩提偈》是'菩提本无树，明镜亦非台。本来无一物，何处惹

尘埃'。"

我听了，觉得他倒有些佛学素养。

我边走边问他："如果用一个字来概括佛教，您会用哪个字？"他稍加思考，说："善！"

我又问他："如果用一句话概括佛教，您会用哪一句话？"他没有思考就回答了我："与人为善！"

虽然我没有深入研究佛教、佛学，但对他的话我是赞成的！君不见，那些佛教专业人士、信佛之人，就经常在念叨："善哉，善哉，阿弥陀佛！"

上面这个故事，不是叫我们都信佛拜佛，或都不信佛拜佛。在中国，宗教信仰是自由的，但这个庙里的大师，却教人先去拜自己家里母亲那个真正的活佛，这可能就是佛教文化的大善，那位佛教大师，真正领悟到佛教文化的精髓了！

真是个：

修行何须到庙里，家中父母是活佛。种下善良种种因，哪管般般不同果！

4. 杏林高手找董奉

东汉时期的某年金秋八月的一天，杏林高手名医董奉正在杏林草堂前翻晒杏干、杏花，忽然间，只见几个壮汉用门板抬着一个书生前来求医，书生的母亲哭哭啼啼地向董奉下跪求救。

董奉见状，赶忙放下手中的活计，将老妇人搀扶起来，马上对躺在门板上的书生"四诊合参"，细细切脉，注目观察患者的神、色、态之变化，详细询问患者发病的经过和症状，然后诊断为"癔症"。如何为这位书生治这癔症呢？董奉回望了一下刚刚翻晒的杏干、杏花，紧锁的眉头舒展了，只见他微微点头，取来纸笔，开了一剂药方："杏干加庐山云雾茶"，并悄悄嘱咐老妇人用开水泡成"杏茶汤"让书生服之，然后往书生的便桶中置杏花一把，称其是所泻之虫，癔症必痊愈。同时，董奉又交代书生："尔喝完汤药后，以杏茶为题，作诗一首，病即痊愈而不会复发。"

书生回家后，按照药方服了一副"杏茶汤"，少顷腹痛难忍，马上入后堂坐便桶，果真排了若干"虫"出来，待书生观其所排之"虫"后，胸腹顿感舒畅，乃回书房题诗一首："儿患顽疾母心慌，董仙妙手赐神方。杏干云雾显奇效，疫虫尽去身自康。"

董奉看了此诗，将最后一句改为："此诗作罢身自康。"意在神形合一，心理调节。

原来，书生因积食不消，疑为早年曾患过的在庐山流行的"大肚病"复发了，故疑病、惊厥而卧床不起。董奉诊断：主症为食积气滞，忧郁气闷。而董奉选用杏干和云雾茶炮制而成的杏干茶汤，具有导滞、清肠、通便的功效；除此之外，书生还需要安神定惊，故再以杏花充虫惑之，并配之以写诗吟诗聚神。董奉数招并用"拿下了"书生，使书生从躯体到精神都得以康复，癔症愈也！

趣事有感

谈到国学、中华传统文化，一般都要讲"儒道释"三家，其实，还应该加上"医"，即"中医"。中医的精髓，在于"整体观念，阴阳协调，辨证论治"。

在中国，甚至全世界，许多人，包括许多外国人，都信中医。当许多病（包括不少癌症）久治不愈时，有人会建议："你试试中医中药。"

中医，古称汉医，现在泛化了，广义的中医也包括藏医、蒙医、韩医等少数民族医学。

在西医传入中国之前，中医并不叫中医，叫汉医、国医、国术。它的特征是把脉，望闻问切，四诊合参。以中草药、针灸、推拿、按摩、拔罐、气功、食疗等为治疗手段；以辨证施治为原则；以"汗、吐、下、和、温、清、补、消"为基本治疗方法。它将人体看成有机的整体，可能"头痛医脚"，可能药效慢一些，但力图从根本上解决病症。通过多种方法的治疗，使人体达到阴平阳秘、精神乃治的效果！

2018年10月1日，世界卫生组织首次将中医纳入其具有全球影响力的医学纲要。我国第一个诺贝尔生理学或医学奖得主就是研究中医药的屠呦呦。

东汉的董奉，为书生治疗癔症，是典型的辨证施治，采用"望闻问切"的四诊合参、心理治疗，对其对症用药，还用诗词文化巩固疗效，这不就是中医的"整体观念"吗？

从古到今，许多愈后之人或家属，会送给医者一面锦旗，上书"杏林高手"。其实，最早获此殊荣的就是这个东汉年间的董奉，他与华佗、张仲景并称"建安三神医"。

董奉又名董平，生于公元220年，自幼学医，信奉道教，当过县官小吏，后来归隐，为大众行医治病，传说能让人起死回生，被誉为神医。

董奉行医，分文不取，但他规定，凡是重病愈者须在他所住山上栽5棵杏树，而轻病愈者须栽1棵杏树。久而久之，一座山栽满了杏树，蔚然成林。待杏树有上万株后，他又在树下建一草仓储存杏，以换谷物，然后又拿谷物去赈济百姓。

后来，有人有病要去看大夫时，人们会热情地向他介绍：到杏林那里去找董奉诊治吧，他可是治病的高手、神医呢。

于是，"杏林高手""杏林春暖"就在民间流传开来。

真是个：

杏林高手古今有，四诊合参堪优秀。辨证施治调阴阳，

解决病根找源头。

作者出版的其他视频作品

5. 大美莫过中国字

明朝四大家之一的沈周，也是有名的画家，据传，唐寅、文徵明都曾师从于他。

当年，沈周得了一块田地，高兴之余想到日后种田的艰难，便有感而发写一首诗，名为《咏田诗》[1]：

> 昔日田为富字足，今日田为累字头。
>
> 拖下脚时成甲首，申出头来不自由。
>
> 田安心上常思想，田在心中虑（慮）不休。
>
> 当初只望田为福，谁知田多垒垒（壘壘）愁。

这首诗一直围绕"田"字展开，把汉字玩得出神入化、妙不可言，令人瞠目结舌，也令人叹为观止。

第一句写的是"富"字，有了田就变富了。田字在富字中当然是下半部的"足"。

第二句写的是"累"字，有了田反而很累了，田字在累字中是头部。

第三句写的是"甲"字，有了田把脚拖下去就是甲。

第四句写的是"申"字，甲字一竖出了头就是申字，如同人生一样，冒出头来看似风光无限，却万事无法由己心。其实，自由的由字也是由田字来的。

第五句写的是"思"字，心上有田字，就要常思想了。

1《咏田诗》另传为宋代著名理学家陈襄所作。

第六个字是虑的繁体字，田在心上，忧虑多多。

这首诗让人们见到"中国字"的千变万化。

趣事有感

关于汉字的起源，王显春出版了一本书《汉字的起源》，认为汉字发明于中国的大汶口文化早期，距今有4 000多年的历史（一说有6 000多年的历史），应该是世界上最古老的文字，是世界上使用历史最长的文字。

传说，汉字是黄帝时代的史官仓颉创造的。另一种说法是，汉字起源于古代的"结绳记事"，即"上古结绳而治，后世圣人易之以书契"。但更多的人认为，汉字不可能是由一个人或少数人在一个相对较短的时间内创造出来的。

汉字的美感，在形体，在读音，在组词，在造句，在运用，在变化，在释义等，可以说，世界上没有哪一种文字有这么美。

虽然外国人学起来难了点，但是，一旦掌握了这门艺术，就美得他们连自己是外国人都忘记了。

比如量词的变化：一只狮子，一只猴子，偏偏到了马的身上，就是一匹；而买面料，也是叫一匹布；一片面包，一片纸，但草原也是一片，而且，就连人的心也是一片了。也许，这就是中国汉字的艺术！

真是个：

汉字形体美，字词多韵味。书法有艺术，中华大智慧。

6.茶从远古走过来

相传，约公元前 2000 年，轩辕黄帝带领大臣、侍卫、随从到深山里狩猎，经过一阵奔跑驰骋后，黄帝感到口干舌燥，遂让随从烧水解渴。

随从在一株茶树下架锅设灶，烧起水来。忽然，一阵大风吹来，茶树上的叶子纷纷飘落到烧开水的锅里，眼看锅里的水开了，逐渐变成了褐色，随从慌得六神无主，正想重新烧开水，可黄帝派人来催着要水喝。随从赶紧舀了一碗变了色的水品尝，觉得清香可口，并没有怪味，便将错就错，诚惶诚恐地将褐色的水敬奉给黄帝。

由于黄帝正口渴至极，端起水来一饮而尽，饮后连声称奇，随从吓得连忙跪下，向黄帝请罪。黄帝见状，详细询问了烧水的经过。他非常高兴，不仅没有怪罪烧水的随从，反而命随从把这种树叶带回宫中，如法炮制。从此，便有了用茶叶煮水和泡水喝的习俗，饮茶的习俗便流传下来。

趣事有感

茶到底是怎么成为大多数人的必需饮品的，有很多解释

版本，黄帝偶然得茶，茶因此成了中国、世界上很多人特别喜欢的饮品，是其中一个版本，虽是传说，倒也有趣，姑妄信之！

我平生对茶没有特别的爱好，属于可喝可不喝之人，茶界"票友"一个。但是，从2017年8月22日起，居然写了500多篇"茶文化随笔"，并发表在我作为群主的微信群"文化交流群"中。

以下是我于2017年8月23日发在群中的第二篇茶文化随笔：

昨日下午，又饮了一杯绿茶，竟着迷，欲罢不能。难怪世界三大饮品之一的茶吸引了世界几十亿名饮者，难怪茶文化如此普及、动人心弦。

不仅雅士儒者喜欢，而且寻常百姓家也将其列在开门七件事之中：柴米油盐酱醋茶。

好茶万万千，绿红乌白黄黑普。

北京的茶客喝的是贵气，杭州的茶客喝的是诗意，上海的茶客喝的是腔调，福建的茶客喝的是茶艺，成都的茶客喝的是闲适，重庆的茶客喝的是热闹，广州的茶客喝的是生活，广西的茶客喝的是口感，潮汕的茶客喝的是感情。

一茶一故事，一茶一首诗，一茶一天地，一茶一世界！

好友蒲元建捎来一副茶联："一壶水溶世间沧桑，几叶茶看人生沉浮。"甚好。

清之郑板桥一人便写了12副茶联。

　　我喜欢某雅士的两副茶联："茶亦醉人何须酒，书能香我无须花""花香蝶自来，茶香人自品"。

　　我在演讲中曾多次引用旧时广州"妙奇香"茶楼的茶联："为名忙为利忙忙里偷闲饮杯茶去，劳心苦劳力苦苦中作乐拿壶酒来。"

　　真是个：

　　茶从远古来，黄帝无意栽。人在草木间，喜爱千万代。片片多情叶，滴滴相思水。雅品恰湿唇，清心香腑肺。

作者出版的其他作品

7. 杜康美酒从何来

酒，是谁发明的，也有很多版本，但很多人说是杜康发明的，所以把酒叫"杜康"。

故事之一：

一天，夏朝国君杜康做了一个奇怪的梦，梦见一老翁对他说："你以水为源，以粮为料，把粮食泡在水里，等到第九天的酉时，找来三个人，每人取一滴血加在其中，即成。"说完老翁就不见了。

杜康醒来就按照老翁说的制作，终于制成了能喝的佳酿，可是他又犯愁了，该起什么名字呢？他一想，这饮品里有三个人的血，又是在酉时滴的，就写作"酒"吧，怎么念呢？这是在第九天做成的，就取同音，念酒（九）吧。这就是关于酒之来历的传说。

故事之二：

传说，轩辕黄帝手下有一位大臣叫杜康，黄帝命杜康管理粮食，杜康把粮食装在树洞里，这样也许就不会霉坏了。

谁知那几年风调雨顺，连年好收成，粮食到处都是，树洞里的粮食一直没派上用场。几年以后，装在树洞里的粮食经过风吹、日晒、雨淋，慢慢地发酵了。

一天，杜康上山查看粮食时，突然发现一棵装有粮食的枯树周围躺着几只山羊、野猪和兔子，开始他以为这些野兽都是死的，后来发现它们还活着，似乎都在睡大觉。只见一头野猪摇摇晃晃地站了起来，它一见人，马上就摇晃着窜进树林里去了。紧接着山羊、兔子也一只只醒来逃走了，众人都很纳闷。

杜康正准备往回走，又发现两只山羊在装着粮食的树洞跟前低头用舌头舔着什么，杜康连忙躲到一棵大树后面观察。只见两只山羊舔了一会儿也摇摇晃晃地起来，走不远都躺倒在地上。杜康好奇心爆满，飞快地跑过去查看究竟。

杜康不看则罢，一看惊出一身冷汗：原来装粮食的树洞已裂开一条缝，里面有液体不断往外渗出，这粮食肯定是坏了。刚才，山羊是舔了这种液体才倒在地上的，这究竟是什么液体，竟然有这种威力？

杜康用鼻子闻了闻，渗出来的液体特别清香，他尝了一口，味道虽然辛辣，却特别醇美。他越尝越想尝，最后一连喝了好几口，只觉得天旋地转，刚向前走了两步，身体就不由自主地倒在地上，昏昏沉沉地睡着了。

不知过了多长时间，当他醒来时，便把这种味道浓香的液体带回去让大家品尝。大家都觉得很奇怪，杜康便赶紧向黄帝报告了此事。

黄帝听完杜康的话，又仔细品尝了他带来的味道浓香的液体，感觉神奇而微妙，立刻召集大臣商议。大臣都认为这种液体是粮食的精华，是粮食的元气，应该给这种液体起个

名字。

当时，为黄帝造字的大臣仓颉站出来说："酉日得水，咱就造个'酒'字吧！"大家一致说好。从此，黄帝就命杜康用粮食造起酒来。

趣事有感

酒，是人类的一项重大发明！

酒，成就了多少英雄豪杰，煮酒也能论英雄，谱写了多少英雄交响曲！酒，也坏了多少人的好事，乱了多少人的本性，铸成了多少人生大错！

真所谓，成事者酒，败事者酒！

到了现在，人类哪里还离得开酒！

人来客往，无酒不成宴席！

亲朋好友，烟酒茶不分家！

闲来无事，借酒可以浇愁！

国宴待客，也要频频举杯！

家人团聚，亦须小酌怡神！

难怪曹孟德在《短歌行》中大发感叹：何以解忧？唯有杜康。

酒，提高了多少人的社会价值，成了多少人的衣食饭碗！

酒，给人类带来了多少欢乐，带来了多少痛苦！

当年红军四渡赤水，走了好多好多路，许多战士脚上起了泡，当时，可全靠用酒搓脚，战士们才健步如飞的！

电影《红高粱》中的主题曲——《酒神曲》，张艺谋作词，姜文用他那粗犷的声音演唱，听得人荡气回肠，振奋人心，歌词如下：

九月九酿新酒，好酒出在咱的手。

好酒，喝了咱的酒，上下通气不咳嗽。

喝了咱的酒，滋阴壮阳嘴不臭。

喝了咱的酒，一人敢走青杀口。

喝了咱的酒，见了皇帝不磕头。

一四七，三六九，九九归一跟我走。

好酒，好酒，好酒。

以前，我喝酒也是一把好手，我父亲是新四军连长，他喝酒的基因可能传给我了。于是，在我的一本书《我的故事，我的心》中发表了一首《咏酒》的打油诗（八句中，有三句是借鉴别人的），倒也有趣。

真是个：

平生劳碌无他求，情有独钟杯中酒。逝者如斯暮年至，杜康之忧越发愁。遥望长江发奇想，但愿江水化作酒。死后埋在沙滩上，浪来浪去呷两口。

8. 吃点醋又有何妨

酒与醋可以说是一对亲兄弟，都有"酉"字部。

传说在古代，有一位叫杜康的人发明了酒，他儿子黑塔也跟他学会了酿酒技术。酒，这个东西便成了人类特级佳饮！

后来，黑塔率族移居到现在的江苏省镇江的某个地方。

在那里，他们还是着力酿酒。酿酒时产生了许多酒糟。黑塔看着这么多的酒糟被扔掉，觉得十分可惜，于是，就把酒糟存放起来，在缸里浸泡。

到了二十一日的酉时，一开缸，一股从来没有闻过的香气从装酒糟的缸中扑鼻而来。

是什么东西这样的味道？从来没有闻过！

在浓郁香味的诱惑下，黑塔尝了一口，酸甜兼备，味道很美！

于是，他们便把这种酸酸的东西贮藏起来，以便当作烹调菜品的"调味剂"。

这种调味剂叫什么名字呢？

黑塔把二十一日简写作"昔"字，旁边再加一个"酉"字，就给这种酸水命名为"醋"。

趣事有感

常听人家说："你怎么吃起醋来了！""这人醋意大发！""打翻了醋坛子。"言下之意，"吃醋"不好。

其实，这只是对人际关系，如夫妻、情人之间关系的一种比喻。

在日常生活中，醋的日常食用、药用、保健、养生作用越来越受到人们的重视。

中国是世界上谷物酿醋最早的国家，早在公元前8世纪就已经有了醋的文字记载。

春秋战国时期，已有专门酿醋的作坊。到汉代时，醋开始普遍生产。南北朝时，食醋的产量和销量都已很大，当时的名著《齐民要术》曾系统地总结了我国劳动人民从上古到北魏时期的制醋经验和成就，书中共收载了22种制醋方法，这也是我国现存史料中对粮食酿醋的最早记载。

由于在自然环境中，醋可以自行生成，世界各地的人很早以前就开始食用醋。一般而言，东方国家以谷物酿醋，西方国家以水果和葡萄酒酿醋。在中国，通常认为醋在西周时开始被酿造，但也有人认为醋的酿造起源于商朝或更早。汉朝时醯被称为醋。在西方，古埃及时期就已出现了醋。由于醋和酒都是通过发酵酿造获得的，在一定程度上，可以认为酒醋同源，凡是能够酿酒的古文明国家，一般也具有酿醋的能力。

由于原料、工艺、饮食习惯的不同，各地醋的口味相差很大。在中国北方，最著名的醋当属明朝时发明的山西老陈醋。山西人以爱好食醋而全国闻名，有"缴枪不缴醋"的笑谈。在中原地区最著名的醋是河南特醋。在中国南方，影响力较大的有镇江香醋等。此外，较为有名的醋还有四川保宁醋、浙江米醋等。

2019年，我在四川阆中旅游时，买了不少保宁醋。一位山西的学员，听了我的演讲，给我用快递寄了许多山西好醋。真是个：

酸甜苦辣醋第一，醋坛醋味有醋意。凡人哪能不吃醋，醋乐人生何足奇！

9. 奇特的蛋中珍品

我国明代万历年间，江苏吴江县一家小茶馆的老板很会做买卖，所以生意兴隆。由于人手少，店主在应酬客人时，往往习惯随手把泡过的茶叶倒在炉灰中。

说来也巧，店主养的几只鸭子爱在炉灰堆中下蛋，主人拾蛋时，难免有遗漏。

一次，店主在清除炉灰茶叶渣滓的时候，发现了不少鸭蛋。他以为不能吃了，谁知剥开一看，里面黝黑光亮，上面还有白色的花纹。闻一闻，一种特殊的香味扑鼻而来；尝一尝，鲜滑爽口，真乃蛋中珍品。

这就是最初的松花蛋（也称皮蛋）了。

趣事有感 ━━━━━━━━━━━━━━━━━━

在许多宴席上，皮蛋都是一道美味的凉菜。我招待客人，几乎每次都要点这道菜。皮蛋瘦肉粥也很好吃。但我最喜欢直接剥了吃，好解馋。

近500年来，经过不断地摸索改进，松花蛋的制作工艺日臻完善。它不仅美味，而且有一定的药用价值！

在王世雄所著的《随息居饮食谱》中这样描述：皮蛋，味辛、涩、甘、咸，能泻火、清热、醒酒、去大肠火、治泻痢，能散能敛。

中医认为松花蛋性凉，可治眼疼、牙疼、高血压、耳鸣眩晕等疾病。当然，也可以治"饿病"。

皮蛋的传统制法，几乎都用到中药密陀僧，但皮蛋中的铅含量使人望而生畏。

现在，人们已经研制出无铅皮蛋的制法，爱吃皮蛋的人就不必再为铅中毒而担心了。

真是个：

偶然制成松花蛋，疑为仙品好解馋。莫道只有鸭蛋制，鸡蛋鹌鹑有何难！

作者出版的其他视频作品

《国学经典与人文素养》

10. 火锅还真是好吃

火锅好吃，最火在重庆、四川，现在，全国、全世界的火锅都火起来了：有人群的地方就有火锅！

火锅的发明也有多个版本，主要有：

第一，成吉思汗发明说。

传说成吉思汗长年统兵征战四方，看到士兵们吃传统的烧烤羊肉很费时，为了使得部队不延误战机，他将牛羊肉切成小块掷进沸腾的锅里，从此世上就有了火锅。

从某种角度来说，正是有了火锅，蒙古骑兵才在填饱肚子之后，精神焕发地攻下中原，并一直向西打到了中亚。

第二，三峡纤夫发明说。

一千多年前，在长江三峡，一群纤夫，迈着沉重的步伐，拖着疲惫的身躯，在江边砌土为灶。他们掏出随身携带的辣椒、花椒、香辛料，取长江水，熬成汤，佐以烈酒，烫食鲜鱼、活虾及各种蔬菜。

一番畅饮，一番涮烫之后，酒肉下肚，全身疲乏顿消，纤夫们又吼着激昂的川江号子，背着纤绳上路了。

纤夫们的身后留下一个个土灶和一缕缕青烟，更留下了神奇的火锅！

重庆的火锅在全国乃至全世界都很出名，以又麻又辣、真材实料、吃了上瘾、回味无穷为特色。

有人说，到了重庆，至少要吃上一次正宗的重庆火锅，"未见三美，枉到重庆"。这三美，就是重庆的"美女、美景、美食"。而重庆的美食之重点，就是重庆火锅！

在做"创新思维与创造力"的演讲时，多次问过听众一个近似"脑筋急转弯"的问题：正宗重庆火锅的品名在哪里？

到过重庆的人，一般都会抢着回答"洪崖洞""磁器口""李子坝"……

对此，我都笑着摇头说："正宗的重庆火锅不在重庆，而在重庆以外！"

面对众人不解的神情，我又笑着解释道："重庆的火锅店都没有'正宗重庆火锅'的招牌，倒是重庆以外的诸如山东、山西、河南、河北等地的火锅店要写'正宗重庆火锅'。"这当然是开玩笑的！

正宗的重庆火锅当然是在重庆的！

火锅一直在进行创新！比如火锅的锅，一开始是瓦片锅，后来是铁锅、铜锅、不锈钢锅；锅里面一开始是放几个格子；后来，是一边清汤一边红汤的鸳鸯锅；由于鸳鸯锅容易混汤，现在许多人都用"子母锅"。

火锅里面涮的食材，也在创新。有人说，除了人与野生动物以外，能够涮的几乎都放到锅里面了。重庆人也在犯愁，对火锅食材的创新，下一步还有什么可以用来涮的？

火锅的魅力，有几个人能挡得住？

真是个：

天上掉下个火锅，似一团烈火熊熊。闻香识得美食样，唯有此品解馋渴！

作者出版的其他视频作品

《处世哲学》

11. 木工用锯真神奇

传说，鲁班要建造一座宫殿，需要很多木料，就叫他的徒弟上山去砍树。

当时，还没有锯子，砍树全靠斧子，一天砍不了几棵树。

见此状，鲁班很着急，就亲自上山去看一看。

山很陡，在上山的过程中，鲁班抓住树根和杂草，一步一步艰难地往上爬。他的手指忽然被一棵小草划破了，流出血来。

一棵小草怎么会这么厉害？鲁班仔细一看，发现小草的叶子边上有许多小齿。他又试了试，在手指上一拉，又是一道口子。这种现象让鲁班若有所思，他想到，如果用铁打一把有齿的工具，在树上来回拉，不是比斧子砍树更快吗？

鲁班决定不上山了，掉头回去打了一把带齿的铁工具，再拿到山上去试着"砍树"——严格来说是锯树，这种方法果然又快又省力。

于是，鲁班发明了锯子。

趣事有感

鲁班，春秋时期鲁国人，姬姓，公输氏，名班，人称公输盘、公输般、班输，尊称公输子，又称鲁盘或鲁般，惯称"鲁班"。鲁班的名字实际上已经成为古代劳动人民智慧的象征。

2 400多年来，人们把古代劳动人民的集体创造和发明也都集中到他的身上。因此，有关他的发明和创造的故事，实际上是中国古代劳动人民发明创造的故事。

鲁班出生于工匠世家，从小就跟随家里人参与土木建筑工程劳动，逐渐掌握了生产劳动的技能，积累了丰富的实践经验。

除了锯子以外，传说鲁班还发明了最早称作"矩"的鲁班尺，也就是曲尺。木工以曲尺量度直角、平面、长短甚至平衡线。

传说鲁班发明了墨斗，就是木工用以弹线的工具。

传说鲁班发明了古代兵器云梯、钩强；发明了农机具石磨；还发明了"机封"、雕刻用的凿子、打井的技法、锁钥、雨伞等。

可以说，鲁班是我国古代伟大的发明家、工匠精神的杰出代表、民间智慧的化身。

他那些包括锯子在内的发明，看似偶然，其实，偶然中有必然，这与他平时注意观察、多动脑筋、勤于实践是分不开的！

真是个：

鲁班发明千百个，贡献社会智慧多。工匠精神勇创造，千百年来美名播。

12. 高手对弈无高低

据传，康熙皇帝是个象棋迷，没事时总喜欢"杀"两盘。

一次，康熙率领随从去承德附近的木兰围场打猎，一时棋瘾大发，便与一位大臣对弈起来，很快连胜三局。

康熙"弈"兴未尽，便找了一位棋艺高超的侍卫那仁福与之对弈。那仁福也是个象棋迷，对弈起来很专注，他棋艺高超，一时忘记了对弈者是皇上，只见他攻城掠地，势如破竹，进入中局后很快吃掉对方一个"车"。

旁边观弈的老太监郭继功见皇上的棋输定了，便急中生智地说："皇上，山下发现猛虎，请您赶紧出猎。"

康熙一听高兴极了，对那仁福说："你在这里等着，待我猎虎回来咱们再续'弈'。"说罢便翻身上马，持弓向山下奔去。康熙去打虎，而那仁福就待在原地等候。

结果，山下哪里有什么猛虎，大家只发现一只梅花鹿。

康熙喜欢打猎，是一位经验丰富的老猎人了，凭经验，他知道一般情况下有鹿的地方是不会有老虎的，想必是郭继功看花了眼，把鹿错看成老虎了。

实际上，郭继功并没有看错，皇上与那仁福在棋盘上厮杀正酣，如果山下有只鹿，他必定不会下山，因此故意说成猛虎，以便引起皇上的兴趣，引他下山，免得皇上棋败后尴尬。

那件事后，转眼间几天过去了，待康熙想起与那仁福下的那盘棋时，他才回到原先一起对弈的地方，见那仁福仍跪在棋盘旁，一动也不动。这时，康熙才发现忠厚守职的那仁福已经死了，康熙十分难过。

《论语·为政》中说得好："人而无信，不知其可也。"自此以后，康熙痛定思痛，引以为鉴，发誓再也不失信于人了。

趣事有感

故事中，康熙下的是中国象棋，一般叫作"象棋"。

在中国古代，象棋，亦作"象碁"、中国象棋，是中国传统棋类益智游戏，在中国有着悠久的历史，先秦时期已有记载。象棋属于二人对抗性游戏，由于用具简单，趣味性强，成为流行极广的棋艺活动。主要流行于华人及汉字文化圈的国家。

象棋是中国正式开展的 78 个体育运动项目之一，是首届世界智力运动会的正式比赛项目。

此外，高材质的象棋也具有收藏价值，如以高档木材、玉石等为材料制作的象棋。更有文人墨客为象棋谱写诗篇，使象棋更具文化色彩。

2006 年 5 月 20 日，经国务院批准，象棋被列入第一批国家级非物质文化遗产名录。

中国象棋是中国的棋文化典型，是中华民族的文化瑰宝。它源远流长，趣味浓厚，基本规则简明易懂，千百年来长盛不衰。

中国象棋模拟的是古代战争、直线战争、陆地战争、平面战争。在中国古代，象棋被列为士大夫的修身之艺。现在，则被视为一种怡神益智的活动。

关于象棋的起源，有人整理出来很多版本：

一是起源于黄帝时代。北宋晁补之《广象戏格·序》说："象戏兵戏也，黄帝之战，驱猛兽以为阵，象，兽之雄也。故戏兵以象戏名之。"

二是起源于神农氏时代。元代僧人念常在《佛祖历代通载》中说："神农以日月星辰为象，唐相国牛僧孺用车、马、士、卒加炮代之为机矣。"

三是起源于舜时期。舜有弟名为象，桀骜不驯而囚之，舜为象制棋解其闷，故名为象棋。

四是起源于周武王伐纣时期。明代谢肇淛《五杂组》云："象戏，相传为周武伐纣时作，即不然，亦战国兵家者之流，盖彼时重车战也。"

五是起源于春秋时期。象棋可能是模仿春秋兵制而产生的。象棋各子的名称正好与春秋时期的兵制，即将、帅、车、马、士、兵、卒等相吻合。

六是起源于战国时期。《潜确居类书》载："雍门周谓孟尝君：'足下燕居，则斗象棋，亦战国之事也。'盖战国用兵，故时人用战争之象为棋势也。"

七是起源于楚汉相争时期。象棋棋盘的中间写着"楚河汉界",因此,许多人都认为这种说法比较可信。

象棋集文化、科学、艺术、竞技、娱乐、悠闲于一身,不但可以开发智力,启迪思维,锻炼辩证分析能力和培养顽强的意志,而且可以修身养性,陶冶情操,丰富文化生活,深受广大群众的喜爱,古今中外男女老少皆宜。由于用具简单,趣味性强,大街小巷常常可见对弈的中国象棋爱好者。

象棋,充满东方智慧!

康熙是象棋高手,那仁福更是高手!但是,故事中的那仁福,不仅棋艺高超,更是一个忠君到可叹,甚至到让人不敢相信的地步。虽是传说,但是,这种诚信的精神也是令人钦佩的!

真是个:

中国象棋大智慧,方阵内外杀声威。棋迷古今人无数,怎比仁福长相跪。

13. 刘仲甫天下棋先

刘仲甫，字甫之，江南人，北宋著名的围棋国手，宋哲宗时入宫任棋待诏，自此之后雄霸"弈林"二十余年，少有敌手。

据宋代成书的《春渚纪闻》记载，早期，刘仲甫旅居钱塘，每日早出晚归，观看钱塘高手对决。

几天后，他忽然在旅馆门外竖起一面招牌，上面写道："江南棋客刘仲甫，奉饶天下棋先。"并出银三百两为赌注。一时观者如潮，议论纷纷，钱塘高手更是摩拳擦掌，准备和这位口出狂言的江南棋客一决高下。

第二天，钱塘众富户也凑齐赌注三百两，在城北紫霄楼摆开棋局，请刘仲甫与本城棋艺最高者对弈。

弈至五十着，刘仲甫似处处受制于人，对方洋洋得意，以为胜券在握。刘仲甫却不为所动，行棋如故。又过了二十着，刘仲甫突然把棋局搅乱，将盘上棋子尽行捡入棋盒内。观者见了无不哗然，指责他撒泼耍赖。

刘仲甫却侃侃而谈道："我自幼学棋，一日忽似有所思，自此棋艺大进，终日思想要成为国手。今钱塘人杰地灵，高手如云，被棋人视为一关。我到这里就是要试试自己的棋力，如果能胜，则入都。这几天，我一直来棋会观棋，钱塘棋手的品次，我已经了然于胸了，才竖起这个招牌。现在，就让我为众位剖析这几日看过的棋局。"

说着，他便在棋盘上摆开几天来这里有过的对局，边摆边讲，如某日某人某局，白本大胜，失着在何处；某日某局，黑已有胜势，何着不慎……一连摆下七十局，无一路差错，而且讲得头头是道，无懈可击，众人这才心悦诚服。

最后，他又摆出刚刚被搅乱的一局，对众人说："此局，大家都以为对方黑子已胜定，其实不然。我白棋自有回春妙手，可胜十余路。"说罢，他在最不起眼处下了一子，众人都不解此着有何用处，刘仲甫解释说："这手棋待二十着后自有妙用。"果然，棋下二十着，恰恰反遇此子，盘面局势顿时大变；棋至终局，胜了十三路。刘仲甫于是棋名大振，成为一代高手！

趣事有感

围棋是中国发明的，虽有争议，但已成大多数人的共识。

《不列颠百科全书》说："围棋，公元前2356年起源于中国。"《美国百科全书》说："围棋于公元前2300年由中国发明。"

公元前2356年，即尧即位元年，显然世界上有权威的百科全书，所依据的也是中国"尧造围棋"的传说。

　　另一个关于围棋起源的有名传说是"河图洛书"说。相传在远古的伏羲氏时代，黄河里跳出一匹龙马，马背画着一幅图画，人们称之为"河图"。大禹治水时，洛水里现出一只神龟，神龟背上也画有一幅图，名"洛书"。一般认为"河图"为圆，象征天；洛书为方，象征地。古人认为地是方的，故围棋盘是方的。星星是圆的，引申为围棋的子是圆的。

　　根据比较可靠的考证，围棋不是一发明出来就完善到今天这个样子——横竖十九道。敦煌及河北等地就曾出土过十七道的围棋盘、围棋子及其他资料。至于相传尧或舜造围棋一说，颇相似于神农氏尝百草、有巢氏造房子等传说，古时候的人愿意把某项重大的发明与发现归结到某个"大"人物身上，以表达对这项发明、发现的重视程度。

　　纵观当今世界，中日韩围棋水平最高。

　　在中国，围棋的普及率是很高的，中国有无数个围棋高手，有无数个围棋棋迷。而今能进入业余段位的就厉害得很，更不用说专业段位,达到专业九段的,那可能就是顶尖高手了。

　　故事中的刘仲甫，虽然有些传奇色彩，但这样的高手的确是有的，"自古高人在民间"，而刘仲甫那高超的棋艺、惊人的记忆力，真令人叹为观止。此人下起盲棋来，也一定是高手中的高手！

　　真是个：

　　山外有山楼外楼，围棋高手自古有。莫道输赢在方阵，黑白分明公道留。

14. "刮风下雨有成麻"

麻将，起源于中国，是中国古人发明的博弈游戏。麻将的具体由来众说纷纭，有一种说法：它是我国明代杰出航海家郑和在航海途中发明的。

明朝的时候，这种游戏还不叫麻将。

在郑和七下西洋航海时，船工护卫及郑和玩这种游戏兴高采烈，忘记了白昼黑夜，忘记了疲劳，经过漫长的航行终于抵达波斯湾各国，交易圆满结束后，有的上岸观光购物，有的继续留在船上"叠长城"（民间对麻将的称呼），乐此不疲，玩兴不减。

这时，郑和想，这玩意儿真好玩，总该有个名字吧，思来想去，觉得这玩意儿是带队将军发明做出来的，而这位将军姓麻，干脆就叫"麻将军"吧！后又觉不妥，去掉一个军字，就叫"麻将"。

船队远航归来，玩兴尚浓的船工护卫们上岸回到家，教家里人打麻将，一传十，十传百，百传千千万，人们就都学会玩麻将了。久而久之，麻将迅速传到朝廷，传遍天下，上至王公大臣，下至黎民百姓，都玩起"麻将"来。

到了今天，在华人圈里，麻将很盛行，超过了一切游戏。前些年，成都的玩法更是风靡全国，称之为"成麻"，什么"血

战到底""刮风下雨",更是成了麻友的口头禅!

趣事有感

麻将是人们平日茶余饭后喜闻乐见的活动,它给人们带来了无穷的快乐和话题,人们围坐在桌旁,一起哗啦哗啦搓牌,好不热闹,兴致高到通宵达旦、废寝忘食的地步。

特别是进入人口老龄化社会后,许多退休的人,真把麻将当事儿做了,可见麻将魅力无穷。

鲁迅称麻将"并不在赢钱,而在有趣",是不无道理的。

打麻将而不赌博,才是玩麻将的最高境界。

据说,一位伟人的遗物中有两副麻将牌:一副为牛骨质地,橙色,装在有金属搭扣的棕色牛皮箱中;另一副为塑料质地,呈淡绿色,装在带拉链的棕色牛皮箱中。这位伟人不止一次高度评价麻将,这些评价绝不是凭个人兴趣做出的,而是公正、准确、深刻的理性评价。他说:"中国对世界有三大贡献,第一是中医,第二是曹雪芹的《红楼梦》,第三是麻将牌。""不要看轻了麻将,如果你会打麻将,就可以更了解偶然性与必然性的关系。麻将牌里有哲学哩。"

有人说,要想读懂中国,学会玩麻将是一种捷径。因为麻将是最真实、最广泛的大众文化,它根植于许多中国人的内心深处,其游戏规则是中国人千百年来真正的"潜规则"。

但也有人说，打麻将涣散人心，说"搓麻将，以前还要共同洗牌、码牌，而现在都是全自动麻将机了，不洗牌，不码牌，不合作了"。看那麻将众人相：盯着对家，看住下家，防着上家，只顾自家，最好输的是你们大家，赢的是我一家。我不能赢（没有自摸），就争取不放炮（不让你们赢），这麻将不能共赢。再加上成都麻将盛行，一个人赢了，再让其他三个人比；三个人中一个人赢了，又让最后二人比，"血战到底"，更没有合作共赢。

哎，麻将啊麻将！

2017年4月，国际智力运动联盟宣布，麻将正式成为世界智力运动项目。

真是个：

麻将如战场，搏击何其忙。输赢较其真，乐在自摸状。

15. 蔡侯纸张惠万代

东汉桂阳有一个叫蔡伦的人，出身低微，很小就入宫做了太监，服侍汉和帝。

蔡伦聪明勤奋，人又上进好学。

平时，他不喜欢和人交往，爱关门读书思考。

汉和帝即位后，蔡伦被提升为中常侍，出入宫廷内外，平时服侍皇帝，负责掌管文书，传达皇帝的命令。

当时，许多外官经常和宦官结交，但是蔡伦却能坚守原则，不随便与人交往，因此汉和帝很信任他。蔡伦敢于指出汉和帝做得不对的地方，因此也很受汉和帝器重。后来，蔡伦又升任尚方令，负责监管宫廷手工作坊。

这个作坊是皇家的私人作坊，主要是为皇家服务的。蔡伦在监管作坊期间，经常和匠人一起切磋制造器械的技术，由他监管制造的各类军械做工精良，被天下人赞叹。

他在这方面的才能也逐渐显露。东汉以前，人们通常都用竹简和丝帛作为记载文字的工具，有些很长的奏章要用许多竹简，翻阅起来非常不方便，也难以随身携带；而将丝帛作为书写的载体，虽然方便，但是很昂贵，普通人家根本承担不起这样的费用。

蔡伦平常喜欢读书，对于书简带来的种种不便深有感触，制造出一种轻便的、价格低廉的书写材料，成为蔡伦的一个梦想。

为了实现这个梦想，蔡伦翻阅了许多前人的资料。有一天，蔡伦看到宫女在用蚕丝制造丝织品，从她们的制造过程中，蔡伦顿时有了灵感。

他连忙赶回去，和匠人们共同研究，把树皮、麻头、破布、渔网等混合在一起，捣碎弄烂，然后将这些东西糅合在一起，拌匀后晾干，经过反复的实验和研究，蔡伦终于制造出了廉价和实用的纸张。

汉和帝元兴元年（105 年），蔡伦把造纸的过程详细记录下来，连同自己制造的第一张纸，一起奉献给汉和帝，请他过目。

汉和帝亲自试验后，非常满意，重重赏赐了蔡伦，并把造纸的方法颁布天下，蔡伦的造纸术马上传播开来，受到广泛的欢迎和喜爱。

为了赞颂蔡伦的杰出贡献，人们把这种纸叫作"蔡侯纸"，从此，蔡伦的名气越来越大。

趣事有感

造纸术是中国四大发明之一，是人类文明史上的一项杰出的发明创造；纸是中国劳动人民长期经验的积累和智慧的

结晶。

造纸术发明之前，人们都是在竹简或丝帛上记录文字，由于承载物的笨重或价格的昂贵，制约了文化的传播。东汉蔡伦发明的造纸术，对当时乃至后世都有极其重要的影响，造纸术与指南针、火药、印刷术并称中国的四大发明，对世界文明的进步做出了巨大贡献。

从蔡伦发明造纸术可见，这项伟大的发明绝非偶然！

第一，前人经验和智慧的积累，深深地启发了蔡伦，所以，造纸术应该是中华民族智慧和文化的结晶。

第二，与蔡伦个人的智慧和努力分不开。蔡伦生性好学、爱读书、爱思考，有创新创造的潜质和能力。

第三，与蔡伦所处的环境有关。蔡伦见到了宫廷里办公对纸张的需求——需求导向；蔡伦见到了宫廷里竹简和丝帛作为记录文字的载体的不方便和昂贵——问题导向；蔡伦监管手工作坊，这使他把造纸的构想变为现实成为可能——实践可能。

今天，我们用纸这么方便，但不要忘记了蔡伦的这一重大发明对中国、对世界的重大贡献！

真是个：

蔡伦发明非偶然，潜心钻研攻克难。造纸发明惠万代，中华智慧大贡献。

16. 黄帝取胜靠指南

相传，在 4 000 多年前，黄帝与蚩尤大战于涿鹿之野，战斗持续了半年，仍然未分胜负。

黄帝的军队很强大，应该获胜，但是，每当战争即将胜利的关键时刻，总是大雾弥漫，不辨方向，蚩尤的军队就乘机逃脱。三番五次这样，黄帝决定探个究竟，缘何总是起雾。

黄帝亲自登高远望，只见大雾又起，正准备返营，身边的大将发现敌营有异样，黄帝看时，见到敌人大营中，蚩尤正在祭坛上作法，雾从蚩尤的口中出来，飞向营外，萦绕着山川巨野。这时，黄帝明白了这是蚩尤的诡计。

要破蚩尤弄雾的诡计，就要造出一种东西，使人辨别方向，不被浓雾所困，然后一举破敌。

回营后，黄帝命能工巧匠制造出了能辨认方向的指南车。后来，黄帝在指南车的指引下，领兵避开迷雾，打败蚩尤，大获全胜。

趣事有感 ━━━━━━━━━━━━━━

指南针，古代叫司南，主要组成部分是一根装在轴上的磁针，磁针在天然地磁场的作用下可以自由转动，并保持在

磁子午线的切线方向上，磁针的北极指向北磁极，利用这一性能可以辨别方向。

因为地球本身就是一个大磁体，地球的两个极分别在接近地理南极和地理北极的地方。当地球表面的磁体可以自由转动时，就会因磁体同性相斥、异性相吸的性质指示南北，这个道理古人不够明白，但这类现象，古人已经发现。

东汉时的大科学家张衡，也曾经发明过指南车，但他的制造方法后来失传了。直到三国时代，有个叫马钧的发明家，重新造出指南车。此后，人们根据前人的经验不断总结，不断创新，最终制成了实用的指南针，使其成为四大发明之一。

现在比较公认的说法是，指南针发明于战国时期。

据《古矿录》记载，指南针最早出现于战国时期的磁山一带。

据 1982 年 3 月《光明日报》报道：磁山（在今河北省邯郸市武安市）是我国四大发明之一指南针的发源地。

后来，指南针常被用于航海、大地测量、旅行及军事、建筑、风水、祭祀、礼仪、占卜等方面。

黄帝利用指南车辨认方向，大败蚩尤，这只是一个古老的神话故事，但也说明了指南针在古代军事中的重要作用，表明了指南针的发明是中国人的智慧展现、智慧结晶。

真是个：

指南指北指方向，国人智慧发明强。黄帝指南胜蚩尤，而今贡献多荣光。

17. 炼丹发明了火药

在中国，炼丹术起源很早，《战国策》中已有方士向荆王献不死之药的记载。汉武帝也妄想"长生久视"，向民间广求丹药，招纳方士，并亲自炼丹。从此，炼丹成为风气，开始盛行。

历代都有炼丹方士，也就是所谓的炼丹家。炼丹家的目的是寻找长生不老药，这样的目的是不可能达到的。

炼丹术流行了一千多年，最后还是一无所获。

到了隋朝初年，有一个叫杜春子的人去拜访一位炼丹老人，当晚住在那里。

半夜时分，杜春子从梦中惊醒，看见炼丹炉内有"紫烟穿屋上"，顿时屋子燃烧起来。

原来，这位炼丹家在配置易燃药物时，一时疏忽，引起了火灾。

他们惊奇之余，不经意间发明了火药，于是，火药就这样诞生了。

一本名叫《真元妙道要略》的炼丹书，也谈到有人用硫黄、硝石、雄黄和蜜一起炼丹，结果不慎失火，火把人的脸和手烧坏了，还直冲屋顶，把房子也烧了。

到了唐代，炼丹者已经掌握了一个很重要的经验，就是硫、硝、木炭三种物质可以构成一种极易燃烧的药，这种药

被称为"着火的药"，即火药。由于火药的发明来自制丹配药的过程中，火药在发明之后，曾被当作药类。

趣事有感

火药是中国四大发明之一，是在适当的外界能量作用下，自身能进行迅速而有规律的燃烧，同时生成大量高温燃气的物质。

一开始，火药主要是民间用来做鞭炮，用来开山放炮、修路修桥的，后来在冷兵器的基础上，利用火药造成了热兵器。

在军事上主要用它做枪弹、炮弹的发射药和火箭、导弹的推进剂，以及其他驱动装置的能源，是弹药的重要组成部分。

火药是人类文明史上一项杰出的成就。火药以其超强的杀伤力和震慑力，改变了战争的规模、烈度，把杀伤力推到新高度；当然也起着消停战事、安全防卫的作用，成了人类文明的重要发明之一。

在12—13世纪，火药首先传到阿拉伯国家，然后传到希腊和欧洲乃至世界各地。它对人类社会的文明进步，对经济和科学文化的发展，起了推动作用。英、法各国直到14世纪中叶，才有应用火药和火器的记载。

真是个：

火药本是一种药，原为炼丹永不老。岂知失火烧房屋，偶得发明做鞭炮。

18. 梦中灵感显活字

北宋时期，宋仁宗治下有一名叫毕昇的布衣，是一个印刷铺里的工人，专门从事手工印刷工作。当时主要进行雕版印刷。

一天，印刷铺掌柜接了一批印刷的"官活"，印量较大，到期有一笔很丰富的酬劳。掌柜高兴之余，也犯愁了，这么大一单印刷活，工期要求很紧，弄得不好，延误了工期，不但工钱得不到，还要吃官司坐牢。

于是，掌柜就大量招收新工人进行雕版。但是，新招收的雕版工人对雕版技术不熟练，一时半会儿也培训不出来。

毕昇作为熟手雕版印刷工人，只得天天加班，很辛苦，不能回家。

即使就这样，这笔大单依然很可能不能如期完成。

雕版印刷，是要雕刻很多张板子的，一本书就有堆积如山的板子。据说五代时期，刻印 130 册《九经》等儒家典籍，花费的时间长达 22 年。宋代刻印《大藏经》，也历时 12 年，刻板 13 万块。

毕昇看在眼里，急在心里。有一天晚上通宵加班，毕昇看着一块块板子发呆，没过多久，他就昏昏欲睡。正在似睡非睡间，他发现他雕刻的字动起来了，从板子上自己跳起来

主动帮他印刷。

毕昇醒来后，回忆起刚才的梦，灵感来了，他照梦中的样子将所雕刻之字做成活的，于是，毕昇发明了活字印刷术！

趣事有感

毕昇梦中得到活字印刷术的启示，只是一个民间传说。但毕昇自己从事雕版印刷多年，了解雕版印刷行业的问题所在，他能够进行印刷术的创新发明，自然是理所应当的了。

春秋以前，中国历史上虽然不乏大政治家、大思想家，但没有什么人亲自著书，原因就在印刷问题上；到了春秋时期，诸子百家，文化繁荣，但印刷的问题没有从根本上得到解决，许多好的作品没能传承下来、传播开来。

活字印刷术相比以前的雕版印刷来说，是一个巨大的进步，是印刷术的一次大革命，很快在中国普及开来。约14世纪传到朝鲜、日本，后又由中亚传至小亚细亚与埃及，并影响欧洲。欧洲最早用的铅、锑、锡合金所制之铅活字，乃1450年德国人古腾堡所创，距毕昇的发明晚了四百余年。可以说，活字印刷术是中国对世界文明的一大贡献。

有了活字印刷术，整个世界的文化、教育、沟通等都发生了根本性的变化。就中国而言，中国突然进入一个"信息爆炸"的时代，印刷的书籍比起前代成倍地增长。图书的普及带动了文化的传播，也推动了教育的发展，中国历史进入一个新时代。

真是个：

文化繁荣要传播，著书立说须传承。活字印刷立大功，文明发展大革命。

作者出版的其他视频作品

《私人财富管理》

19. "蚕神娘娘"献丝来

传说在远古时代，西陵部落有位叫嫘祖的公主，年轻貌美，聪明伶俐，部落里的人都很喜爱她。

有一天，嫘祖在一株桑树下搭灶烧水。她一边向灶下添柴火，一边观望桑树上白色的蚕虫吐丝作茧，越看越出神。忽然，一阵大风吹过，一只蚕茧从桑树上掉了下来，跌进烧开水的锅里。

嫘祖怕弄脏了开水，就用一根树枝打捞蚕茧。谁知捞来捞去，蚕茧没有捞起，却捞起一根洁白透明的长丝线，而且越拉越长，拉个没完。

嫘祖又用一根短树枝将丝线绕了起来，绕成一团。

嫘祖望着这一团洁白的丝线，忽然想起她和姑娘们一起用植物纤维织布的情景，就产生了用这种丝线代替植物纤维纺织的念头。她又采了一些蚕茧绕成丝线，动手一试，果然织成了一块白白的丝绸，往身上一披，又柔软，又漂亮。

部落里的姑娘看了都很惊讶。嫘祖开始教她们采集野外桑树上的蚕茧来抽丝线织绸，后来就自己采桑养蚕，缫丝织绸。

不久，轩辕部落与西陵部落联盟，嫘祖嫁给了轩辕部落首领。结婚的时候，嫘祖用自己织的丝绸做了一身漂亮的衣衫，还用凤仙花瓣将它染成红色，红艳照人，非常美丽。她给轩辕部落首领也做了一身宽敞的衣裳，用栀子的果实将它染成黄色，金光闪闪，十分威武。从此，部落先民都称首领为"黄帝"。

因为嫘祖最早开始采桑养蚕，后来的蚕农们就尊称她为"先蚕神"，又称她为"蚕神娘娘"。

趣事有感

这个神话故事，只是古人在生产力低下的情况下，农耕时期种桑养蚕的一个经历。

其实，从发现野蚕到把它驯化饲养，是我国古代广大劳动人民长期实践的结果，自然不是"蚕神"赋予的，也不能算作某一个人的功劳。

但是，养蚕的发明及蚕丝的运用，对后世有极为深远的影响。因此，就流传了许多美丽的传说。我国古代"蚕神献丝"和"嫘祖养蚕"的传说，就是在此基础上产生的。

18世纪时，中国的丝绸业已经很发达后，形成了陆地和海上的贸易通道。有了这些通道，中国的丝绸和其他商品如瓷器、茶叶等才得以远销东南亚、西亚及欧洲，这既促进了中国经济的发展、贸易的顺差，也强化了中国与这些地区的经济、社会、文化方面的交流。

真是个：

当年采桑养蚕女，献丝功劳大无比。而今丝绸贸易路，嫘祖下凡助神力。

20. 出土的离奇瓷器

明宣宗朱瞻基是明朝的第五位皇帝，据说他的长相和朱棣十分相似，因此，从小便深得祖父朱棣的喜爱，多次跟着朱棣远征蒙古，并在明成祖永乐九年（1411年）被朱棣立为皇太孙，在1425年即位。

朱瞻基并没有继承祖父朱棣喜爱征战的性格，他和其他明朝皇帝一样，有自己的爱好。朱瞻基的爱好是斗蛐蛐，并且非常痴迷于这项娱乐活动。他专门派人到江南用重金收购优良的蛐蛐，使得江南的蛐蛐价格一度暴涨，甚至还为此闹出了人命。

据说，当时江南地区有一位粮长被郡督派出去寻找优良的蛐蛐，用来献给朱瞻基。这位粮长找了很久，终于找到了一只非常优良的蛐蛐，并用自己的骏马把蛐蛐换了回来。可他刚把蛐蛐带回家，就让他的妻子不小心放了出来，结果被院子里的鸡当场啄死，粮长妻子一看惹了大祸，便上吊自杀了。

那位粮长回到家，发现妻子自尽之后非常悲伤，更害怕因为蛐蛐之死而被追究责任，便拿起一根绳子随妻子一同自尽了。就这样，为了一只进贡的蛐蛐闹得家破人亡。

朱瞻基后来因为斗蛐蛐变得无心朝政，被人称为"蟋蟀皇帝"。他在36岁的时候因病去世，他的母亲张太后为了惩罚他玩物丧志，在他死后下令把他的那些玩物全部砸了，正在制作的也一概就地砸毁。

1993 年，考古人员在景德镇的官窑出土了一窝青花瓷器残片，把这些残片复原之后发现正是正德年间的蟋蟀罐，一共 21 件，并且一看就是故意损毁的。

这批蛐蛐罐是不是张太后命人砸毁的，这事已经无从考证，但是可以证实的是，在正德年间景德镇官窑确实有为朱瞻基专门制作皇家蛐蛐罐，说明野史中记载的明宣宗爱斗蛐蛐的故事，并非毫无根据。

趣事有感

有人说，瓷器是中国的第五大发明，是中国乃至世界的文化瑰宝，是中国对世界文明的一大贡献。

中国瓷器指的是中国制造的瓷器，在英文中"瓷器"（china）与中国（China）为同一个词。中国是瓷器的故乡，瓷器是古代劳动人民的一个重要创造。

中国瓷器是从陶器发展演变而成的，大约在公元前 16 世纪的商代中期，中国就出现了早期的瓷器，一般称其为"原始瓷"。它最早见于郑州二里岗商代遗址，是以彩陶标志其发展的。

从中国陶瓷发展史来看，一般把"陶瓷"这个名词一分为二，分为"陶"和"瓷"两大类。通常把胎体没有致密烧

结的黏土和瓷石制品，不论是彩色的还是白色的，统称为陶器。

在制陶工艺发展的基础上，于3 500多年前的商代中期，创造出了原始瓷器。经过长期的改进，在公元2世纪的汉代末期，烧制出成熟的青瓷。以后，瓷器由中国传播到其他国家，中国在世界上博得"瓷之国"的称号。

瓷器的前身是原始青瓷，它是由陶器向瓷器过渡阶段的产物。中国最早的原始青瓷，发现于山西夏县东下冯龙山文化遗址中，距今约4 200年。

相对达成共识的是："瓷器"的发明始于汉代，至唐、五代时渐趋成熟；宋代为瓷业蓬勃发展时期，有定、汝、官、哥、均等窑，名垂千古；元代青花和釉里红等新品迭出；明代继承并发展了宋瓷传统，比较著名的是宣德青花瓷，其中成化窑制品，尤为突出；清代风格古雅浑朴，比前时稍逊，却胜在精巧华丽、美妙绝伦，康熙、雍正、乾隆时所制器物，更是出类拔萃，令人叫绝。

当今社会，景德镇的瓷器名头很响，景德镇也被称为"瓷都"。

明朝张太后命人砸烂的、使儿子朱瞻基玩物丧志的物品，那些装蛐蛐的罐子，如果是景德镇官窑的真品，现在去鉴宝的话，应该价格不菲！

真是个：

陶器瓷器华夏器，重大发明有其一。玩物丧志犹可训，太后砸瓷堪称奇。

21. 文房四宝笔为首

毛笔是谁发明的？流传最广的一个版本是为秦始皇监督修筑万里长城的、秦国的大将军蒙恬。

蒙恬每一次在外作战都会定期写报告给秦王，当时的人写此类东西都是写在竹简上，写字极不方便。有一次，蒙恬看到兔子的尾巴在地上拖出了血迹，于是就有了灵感。

蒙恬回去后，收集了很多兔子尾巴毛，然后将这些毛插在一根竹管上，尝试着用它写字。可是，兔毛太光滑，蘸不上墨，蒙恬试了好多次都不行，就将这支兔毛毛笔扔掉了。

不知道过了多少天，他发现自己扔在门前的那支兔毛毛笔变得更白了，于是他不死心地又将笔捡了起来，这一次笔变得非常听话，蒙恬一蘸，墨水就蘸上了，写起字来也十分流畅。原来，兔毛经过一段时间的晾晒，油脂退去，就能蘸上墨了。

后来，他让人把这样的兔毛毛笔放到碱性石灰水中浸泡，去掉兔毛上的油脂，兔毛就变得更加柔顺，写起字来非常流畅，于是毛笔就被发明出来，开始投入使用了。后来的狼毫毛笔，就成了毛笔中的精品。

后来，从湖南长沙左家公山一座史前古墓里发掘出来整套书写工具。这证明，在蒙恬之前就已经有所谓的毛笔了。

中国的文房四宝"笔墨纸砚"，笔是排在第一位的。这里的笔，不是钢笔、铅笔、圆珠笔、签字笔，而是毛笔。

毛笔，是中国古代人用动物毛制作的书写、绘画工具。当今世界上虽然流行铅笔、圆珠笔、钢笔等，但毛笔却仍然大有市场。

毛笔在历代都有不同的称呼。春秋战国，诸侯称雄。此时，各国对毛笔的称呼都不同。

吴国（今江苏安徽）叫"不律"。

楚国叫"插（竹）"。

秦始皇统一中国后，一律称为"毛笔"。

而白居易称毛笔为"毫锥"，他在《代书诗一百韵寄微之》诗中云："策目穿如札，锋毫锐若锥。"

据传，今天被誉为毛笔之乡的河北省衡水市侯店和浙江省湖州市善琏镇，每逢农历三月初三，都如同过年，家家包饺子，饮酒庆贺，为的是纪念蒙恬创造了毛笔。

自元代以来，浙江省湖州市善琏镇生产的具有"尖、齐、圆、健"特点的"湖笔"，还有河南生产的"皖香毛笔"、龙须贡笔、善琏笔和泾县宣笔，都是全国著名的毛笔品种。

有了毛笔，有了文房四宝，才有了若干书法家。

真是个：

文房四宝笔为首，文化大海任尔游。龙飞凤舞行天下，书法大师笔在手。

59

22. 巨星碰撞的火花

当年，孔子专程拜访他特别尊敬的老子。几天后，老子亲自送孔子到黄河之滨，见河水滔滔，浊浪翻滚，其势如万马奔腾，其声如虎吼雷鸣。

孔丘伫立岸边，不觉叹曰："逝者如斯夫，不舍昼夜！黄河之水奔腾不息，人之年华流逝不止，河水不知何处去，人生不知何处归？"

老子听后对孔子说道："人生天地之间，乃与天地一体也。天地，自然之物也；人生，亦自然之物；人有幼、少、壮、老之变化，犹如天地有春、夏、秋、冬之交替，有何悲乎？生于自然，死于自然，任其自然，则本性不乱；不任自然，奔忙于仁义之间，则本性羁绊。功名存于心，则焦虑之情生；利欲留于心，则烦恼之情增。"

孔子解释道："吾乃忧大道不行，仁义不施，战乱不止，国乱不治也，故有人生短暂，不能有功于世，不能有为于民之感叹矣。"

老子又对孔子说道："天地无人推而自行，日月无人燃而自明，星辰无人列而自序，禽兽无人造而自生，此乃自然为之也，何劳人为乎？人之所以生、所以无、所以荣、所以辱，皆有自然之理、自然之道也。顺自然之理而趋，遵自然之道

而行，国则自治，人则自正，何须津津于礼乐而倡仁义哉？津津于礼乐而倡仁义，则违人之本性远矣！犹如人击鼓寻求逃跑之人，击之愈响，则人逃跑得愈远矣！"

稍停片刻，老子手指浩浩黄河，对孔丘说："汝何不学水之大德欤？"

孔子问："水有何德？"

老子说："上善若水，水善利万物而不争，处众人之所恶，此乃谦下之德也；故江海所以能为百谷王者，以其善下之，则能为百谷王。天下莫柔弱于水，而攻坚强者莫之能胜，此乃柔德也；故柔之胜刚，弱之胜强坚。因其无有，故能入于无间，由此可知不言之教、无为之益也。"

孔子闻言，恍然大悟道："先生此言，使我茅塞顿开也。众人处上，水独处下；众人处易，水独处险；众人处洁，水独处秽。所处尽人之所恶，夫谁与之争乎？此所以为上善也。"

老子点头说："汝可教也！汝可切记：与世无争，则天下无人能与之争，此乃效法水德也。水几于道：道无所不在，水无所不利，避高趋下，未尝有所逆，善处地也；空处湛静，深不可测。善为渊也；损而不竭，施不求报，善为仁也；圆必旋，方必折，塞必止，决必流，善守信也；洗涤群秽，平准高下，善治物也；以载则浮，以鉴则清，以攻则坚强莫能敌，善用能也；不舍昼夜，盈科后进，善待时也。故圣者随时而行，贤者应事而变；智者无为而治，达者顺天而生。汝此去后，应去骄气于言表，除志欲于容貌。否则，人未至而声已闻，体未至而风已动，张张扬扬，如虎行于大街，谁敢用你？"

孔子道："先生之言，出自肺腑而入弟子之心脾，弟子受益匪浅，终生难忘。弟子将遵奉不怠，以谢先生之恩。"说完，告别老子，乘车依依不舍地向鲁国驶去。

回到鲁国，据说孔子有三天没有说话。众弟子问道："先生拜访老子，可得见乎？"

孔子道："见之！"

弟子问："老子何样？"

孔子道："鸟，我知它能飞；鱼，吾知它能游；兽，我知它能走。走者可用网缚之，游者可用钩钓之，飞者可用箭取之，至于龙，吾不知其何以？龙乘风云而上九天也！吾所见老子也，其犹龙乎？学识渊深而莫测，志趣高邈而难知；如蛇之随时屈伸，如龙之应时变化。老聃，真吾师也！"

趣事有感

老子与孔子见面的故事，有多个版本：一说见过一次，一说见过两次，还有说见过三次。在年龄方面，一说老子比孔子大 10 岁，一说大 17 岁，一说大 20 岁。但是，有几点是肯定的：

第一，他俩的确见过面，而且是孔子主动去见老子的。

第二，孔子一直都说自己是老子的学生，称老子为师。

第三，他们俩的观点有一些分歧，但大的方面是一致的。

第四，孔子觉得听了老子的话，收获很大，很崇拜老子。

第五，老子的确比孔子年龄要大许多。

老子，是道家学说的鼻祖；孔子，是儒家学说的开创人。他们都是中华传统文化史上的巨星。

有人说，两颗行星碰撞，会产生火花，但最终带来的是毁灭。

而老子和孔子这两颗文化巨星的思想碰撞，也产生了火花，并成为中华传统文化的永恒宝贵财富！

从孔子拜见老子并请教的一番话看，即使自己身为圣人，孔子仍然心怀谦恭，十分尊敬有道的人。孔子之所以能成为名传千古的圣人，是因为他的思想境界远远高于一般人。

真是个：

老子孔子道儒家，巨星碰撞放光华。留得青史传美名，精神财富沃华夏。

23. 老子自幼好提问

据传，老子（李聃、老聃）自幼聪慧，静思好学，常常缠着家人要听国家兴衰、战争成败、祭祀占卜、观星测象之事。老夫人望子成龙，请了一位精通殷商礼乐的商容老先生教授。商容通天文地理，博古今礼仪，深受李聃一家敬重。

一日，商容教授道："天地之间人为贵，众人之中王为本。"

李聃问道："天为何物？"

先生道："天者，在上之清清者也。"

李聃又问："清清者又是何物？"

先生道："清清者，太空是也。"

李聃又问："太空之上，又是何物？"

先生道："太空之上，清之清者也。"

李聃又问："之上又是何物？"

先生道："清之清者之上，更为清清之清者也。"

李聃又问："清者穷尽处为何物？"

先生道："先贤未传，古籍未载，愚师不敢妄言。"

夜晚，李聃以其疑惑问其母，母不能答。于是仰头观日月星辰，低首思天上之天为何物，彻夜不能寐。

此类情况还有不少。

商老先生教授三年，来向老夫人辞行道："老夫识浅，

聃儿思敏，三年而老夫之学授？今来辞行，非老夫教授无终也，非聃儿学之不勤也。实乃老夫之学有尽。聃儿求之无穷，以有尽供无穷，不亦困乎？聃儿，志远图宏之童也。"意思是他们这个地方偏僻闭塞，商老先生推荐他到周都天下之圣地去向更好的老师学习，此子定成大器。

于是，13岁的李聃到周都，拜见博士，入太学，天文、地理、人伦，无所不学，《诗》《书》《礼》《易》《乐》《春秋》无所不览，文物、典章、史书无所不习，三年而大有长进。

博士又荐其入守藏室为吏。守藏室是周朝典籍收藏之所，集天下之文，收天下之书，汗牛充栋，无所不有。李聃处其中，如蛟龙游入大海，海阔凭"龙"跃；如雄鹰展翅蓝天，天高任"鹰"飞。李聃如饥似渴，博览泛观，渐臻佳境，通礼乐之源，明道德之旨。又三年后迁任守藏室史，学问日深，声名日响，闻名遐迩，播名海内。

春秋时称学识渊博者为"子"，以示尊敬，因此，人们皆称老聃为"老子"。

趣事有感

李聃能成大才，是诸多因素的集合。

李聃没有得到他父亲的遗传和教诲，因为他出生前，父亲就逝世了。由于他出生时，样子不像个小婴儿，倒像个小老头，所以，人们都称他"老子"，后来继续称他老子，则是因为他的学问了得。

但是，他的母亲太好了，家境虽然不太好，却能花钱请商容做老师教导李聃，实属不易。

他的老师商容是一位好老师，学识渊博，为李聃的初期教育打下了很好的基础。但面对李聃无穷的提问，商容老师也常常无言以对，但是，他能够及时地推荐李聃到京都去向更好的老师请教，这是关键的一步。

到了京城后，他通过全面而深入地学习，以及在守藏室的多年任职，所阅读的大量书籍，对扩展李聃的知识广度都大有好处。

这些都是外因，最根本的还是李聃的好学，又特别爱提问，从而成就了这样一位中华传统文化巨匠！

真是个：

优秀老师优秀娘，京城学习知识广。关键还是在自己，好学静思提问郎！

24. 孔子与生论修养

传说有一次，孔子的学生子贡问孔子："老师，什么是修养？"

孔子没有正面回答学生子贡的问题，而是讲了一个故事：

有一条狗，站在路边，见人就咬。

第一个男子来了，路过，狗见了便开始攻击。男子本来可以制服这条狗，但他选择左躲右闪。结果这条狗却不依不饶，猛扑上去狠咬男子一口，男子被咬得鲜血直流。只见男子抬脚一踢，把狗踢得很远，那条狗在地上打了个滚，落荒而逃。

第二个男子来了，与狗狭路相逢。那个人想，我也不是好欺负的，就要与这只狗斗一斗。狗扑上来时，他抓住狗的两只前腿，狗的身体不能动了，但头还可以转，就扭头咬了他胳膊一口。他也咬了狗的脑袋一口。就这样，你一口我一口轮番咬下去，最后，人和狗怎么样？两败俱伤。

子贡听了孔子讲的这个故事后说："老师，这个人怎么和狗一般见识呢？"

对了，这正是孔子讲这个故事要表明的问题。

2

趣事有感

　　什么是修养？它是一个人内在的东西，包括素养、教养、学养、涵养，它会在一个人的一言一行中不自觉地流露出来。在工作中、在生活中、在学习中，在过斑马线、红绿灯时，在演讲中、在课堂上，在乘车的过程中，都会体现一个人的修养。

　　特别是当一个人遇到问题、矛盾、冲突时，更会体现修养。

　　人在社会中，在学校、在街上、在社会上，都可能与人产生纠纷、矛盾、冲突，怎么办？

　　有人骂了我怎么办？有人不小心打了我怎么办？

　　他骂："我是你爸爸！"

　　你说："我是你爸爸的爸爸！"

　　他又说："我是你爸爸的爸爸的爸爸！"

　　这样一直"的爸爸"下去，你说，最后是谁赢呢？

　　孔子虽然没有正面回答子贡的问题，但孔子向子贡讲的这个故事，完全说明了一个人在与别人发生矛盾时体现出来的修养。当然，子贡也完全理解了老师的意图。

　　真是个：

　　修养处处显，全在平常中。与人矛盾时，克制莫冲动。孔子教弟子，修养故事中。子贡悟性高，论语一点通。

25. 圣人知错也能改

曾经有一次，孔子和弟子受困于陈国与蔡国之间的荒野之地，有七天左右没有粮食吃。

孔子亲自到老百姓的家里讨得一点点米，于是让弟子颜回用自己的锅煮饭。

一会儿工夫，饭快煮好的时候，孔子已经闻到米饭的香味，便走到煮饭的地方，看见颜回正用手拿起一个饭团放进嘴里。孔子二话没说，走到颜回面前，颜回为老师盛了一碗饭。孔子对颜回说："祖先告诉我，食物要先献给尊长后，自己才能进食，你岂能自己先吃呢？"显然，孔子是在埋怨颜回偷吃了饭。

颜回一听，连忙解释说："夫子误会了，刚才掉了一个饭团在地上，沾了一些尘土，的确不干净，我怕浪费了，就把不干净的饭团吃了。这些饭都是干净的，老师可以用饭了。"

孔子一听，原来是自己误会了颜回，叹息道："都说眼见为实，但眼见不一定为实；都说遵从自己的内心，但内心往往也会欺骗自己。"

于是，孔子手里捧着颜回给的干净米饭，在那一瞬间，心里感到特别惭愧，连声道歉。

趣事有感

古语说得好，人非圣贤，孰能无过（《左传》中说的是"人谁无过"）。

而孔子是万世师表，圣人中的圣人，他也有误会别人的时候，也有出错的时候，更何况一般人呢？

《左传》的后一句就更有意思了："过而能改，善莫大焉。"意思是说：有了过错只要能够认识过错，并且改正，就没有比这更好的事情了，而且能够从中获得很大的好处。

更何况，孔子误会的是颜回。

要知道，颜回14岁就拜孔子为师，终身事之。在孔子周游列国时，多次遇到这样那样的困难，颜回始终追随老师孔子，而且还劝其他弟子不要动摇。

颜回是孔子第一得意的门生，孔门七十二贤之首，是孔子最忠实的学生、最聪明的学生、最能领会孔子话语意图的学生。对这样的学生，孔子应该是最了解的，也是最不应该误会的。但是，孔子"相信"了自己的"眼见"，恰恰误会了颜回，这不应该呀！

可见，圣人也有出错的时候。但是，孔子的伟大之处恰恰在于"知错能改"，善莫大焉！

真是个：

圣人知错能改过，至伟光辉照山河。万世师表好榜样，弟子门生贤人多。

26. 孔子教曾参孝道

传说曾子曾参的父亲叫曾皙，脾气很不好。有一次，曾子在田里帮父亲锄草，一不小心把一根瓜苗弄断了，父亲见了大怒，拿起一根大棒就朝曾参劈头盖脸打来。曾参牢记孔子的教诲，决心当一个孝子，见父亲打他，一点也没有躲让，任凭父亲用大棒打他。

而曾参的父亲打他，不是那种点到为止，而是一棒子就把曾参打昏在地。过了好一会儿，曾参才慢慢苏醒过来，醒后第一件事情是赶快到父亲的跟前，问候道："儿子得罪父亲大人了，父亲大人用力教训儿子，不知父亲有没有闪了腰？"

见父亲没有讲话，曾参便退到后面，为父亲弹琴唱歌，平息父亲的怒火。

后来，老师孔子听到这件事后，告诉门卫："曾参来了，不要让他进来！"

曾参见状如丈二和尚摸不着头脑：我没有罪啊，为什么不让我进教室呢？赶快请人问孔子是什么原因。

孔子说："你呀你呀，说你什么才好呢，你傻呀你！你没听说过瞎眼睛老头有个儿子叫舜，舜是如何服侍父亲的？舜的瞎子父亲随时要使唤舜，舜总不离左右；舜的父亲听信舜继母的谗言，想要杀了舜，于是，舜就逃得无影无踪。你如果看到父亲拿个小树条要打你，你就站在那儿，等着父亲来教训；你如果看到父亲拿个大木棒来打你，那你就赶快逃之夭夭，以避免暴虐之事发生。而你挺身而立，以待暴怒，任由你的父亲暴打。若是你的父亲真的把你打死了，你就陷你父亲于不义，这难道不是大不孝吗？你的身体是父母给的，你要好好保护才是，你要知道，你是天子皇帝的子民，你父亲杀了天子皇帝的子民，你说你父亲该当何罪？你这是让你的父亲犯罪。你的父亲狠狠打了你，如果你受了伤，受了重伤，甚至死了，你父亲一看把你打成这样，他事后也会后悔的，这又会让你的父亲难过，让父亲难过的事，你怎么能做呢？这些都是不孝的表现啊！"

趣事有感

　　孔子最喜欢的学生中，就有曾参。孔子被人们尊称为孔圣人。而孔子的学生曾参呢，人们尊称他为宗圣。曾子曾参是最忠实地继承了孔子的学说，而且将其发扬光大的人。

　　曾参自己牵头，找了一些人，通过回忆把孔子平时说的一些话记下来，进行整理，出版了一本书，叫《论语》；又把孔子关于儿女尽孝的一些话，记录下来，加以整理，并加上自己的理解，写了一本书，叫《孝经》。许多人都认为，《孝

经》这本书，是从古到今，最重要的关于孝道的书籍，中国历朝历代的帝王，大都非常推崇读曾子的这本《孝经》。《孝经》是中国古代儒家的伦理著作，南宋时，被列为儒家十三经之一。

《孝经》主张把"孝"贯穿于人的一切行为之中。

有一天，孔子在家里闲坐，他的学生曾参侍坐在旁边。孔子说："先代的帝王有其至高无上的品行和最重要的道德，从而使天下人心归顺，人民和睦相处。人们无论是尊贵还是卑贱，上上下下都没有怨恨不满，你知道这是为什么吗？"

曾参站起来，离开自己的座位回答说："学生我不够聪明，哪里会知道呢？"

孔子说："我告诉你吧，这就是因为孝。孝，是一切德行的根本，也是教化产生的根源。你回原来的座位上坐下，我再接着告诉你。"孔子接着对曾参讲了儿女尽孝道。儿女尽孝道从何做起呢？从爱惜自己的身体开始。孔子对曾参说："人的躯干、四肢、毛发、皮肤，都是父母赋予的，不要把它们损毁伤残了，这就是孝的开始。"

于是，曾参的《孝经》中就有这样一段："身体发肤，受之父母，不敢毁伤，孝之始也。"这也正是孔子责怪曾参当父亲用棒子打他时，他不躲避的原因。

真是个：

孔子教曾参，孝道从何始？身体发与肤，护之总有时！

27. 小小孔丘识字忙

小孔丘四五岁时，见他的母亲每天都在教哥哥读书认字，就对母亲说："娘，你每天教哥哥读书认字，为什么总不肯教我呢？你不是厚了哥哥，薄了我，这符合周礼吗？"孔母笑着说："你还小，还不到读书写字的时候。"

"娘，我还小吗？"说着，他把正在写字的哥哥拉起来比高低，说："娘，你瞧！我比哥哥还要高。"

儿子要读书识字，母亲万分高兴。

孔母说："好好，好！我来教你读书！"

接着，孔母就为小孔丘准备了两百个字，要儿子在一个月内学会，做到会读，会写，会讲，会用。

谁知小孔丘只花了半天工夫就学会了。

孔母见小孔丘好学喜读，聪敏过人，惊讶不已，十分欢喜。于是，增加了小孔丘每月认字的数量和难度，从二百字增加到四百字，再增加到六百字，直至一千字。小孔丘认字学习认真，而且学习得很快，一千字也很快就认识了。

孔丘后来之所以成为我国伟大的教育家、思想家，与他从小就学会了不少的文字，也与孔母的悉心教育是分不开的。

趣事有感

　　教小孩子认字，多认识一些字，大多数人是赞成的，而小孔丘的母亲就是这样教儿子的，看来效果很好！

　　孔子也主张因材施教，每个人的个体差异很大，对每个孩子的教育方法也应该有所不同，但是，也有一些共同的教育教学方法，比如教小孔丘认字。

　　小孩子有了一定的识字量，就能够比较顺利地、较大量地阅读。只有较大量地阅读，孩子才能掌握一定的词汇量，才可能通晓更多的知识，最终才可能"博览群书"。

　　看来，孔母教小孔丘从小认字、多认字，是有一定好处的，也特别适合小孔丘的学习特性。当然，这与小孔丘个人的勤奋努力是分不开的。

　　这真是：

　　孔丘自幼爱学习，神童认字何足奇。难得孔母悉心教，育子圣人母伟绩！

28. 放牛换来有书读

有一天，小孔丘对母亲说："我想读书，可家里没有书，又没有钱买书，怎么办？"母亲也很为难。

一会儿，小孔丘对母亲说："我打算到叔孙氏家放牛，他家里有好多好多藏书，那样，我就可以借来读。"孔母点头称是，支持孔子的想法。

小孔丘来到叔孙家，自愿为他家放牛，但有个条件，要借阅他家的藏书。叔孙氏同意了。

从此，孔子每天清晨起来就到叔孙家的牛圈，把大小几头牛赶出来，到草场放牛去。

到了草场，让牛吃草。小孔丘就拿出在叔孙家借来的书，坐在草地上认真阅读，有时还大声朗读。

中午烈日当空，小孔丘就坐到树荫下读书；下雨天，小孔丘就戴上斗笠一边避雨，一边读书，孜孜不倦。

趣事有感

从这个故事可以看出，小孔丘这块优秀的钢铁是怎样炼成的！

从小喜欢读书，这是好事，养成这样的好习惯，真是难能可贵。有人说，许多孩子从小就不愿意读书，长大了，大多数是没有什么出息的。

但是，家里没有书可读，也是一个难题，特别是有的家庭，家境困难，无钱买书，无书可读，不少孩子和父母就想了很多方法，让孩子有书可读。

小孔丘以放牛换书读，而且利用放牛的闲暇时间用功读书，既是小孔丘聪明智慧的体现，又是小孔丘勤奋好学的表现，还体现了小孔丘以能力、体力、劳力换知识的精神。从小就有这样的思想境界，难怪小孔丘能长大成才，成为圣人！

真是个：

小小孔丘喜读书，放牛换来有书读。天晴下雨读书忙，圣人亦是凡人初。

29. 故事养育小孔丘

孔母教育小孔丘成才成人，很注重教育的方法，她不是连篇累牍地讲大道理，而是把书上看到的和在娘家听父亲讲过的故事，每天讲给小孔丘听。

孔母给小孔丘讲的故事，更多的是历史故事、人物故事，从盘古开天地、女娲炼石补天，到"天命玄鸟，降而生商"，"姜嫄履大人之迹而有周"，还讲了尧舜禅让、大禹治水、文王演《易》等故事。

虽然当时孔丘年纪小，对这些故事似懂非懂，但听得很认真！

一天，小孔丘听母亲讲完周公吐哺、制礼乐的故事，很受感动，对孔母说："周公太好了。娘，我长大了也要做周公那样的人！"

孔母很高兴，紧紧地抱着小孔丘说："好孩子，真有出息！"

孔母每讲完一个故事，都要问一问小孔丘："你听懂了没有？"

有时，对情节简单的故事，又问："你记住了没有？"

有时，还让小孔丘复述一遍。

有一次，小孔丘看完祭祀回家，一个劲儿地缠着母亲问

这问那。孔母见儿子如此好学，说道："儿子，娘每天给你讲的故事，你要记住才行。"小孔丘点点头说："娘，你讲的故事我都记住了，孩儿还要讲给曼父（邻居家的孩子，比孔丘大几岁）他们听呢！"

孔母通过这种讲故事、提问的方式教育孩子，这对孔子后来教育自己的三千弟子、七十二贤人，以及研究教育教学方法等，有很大的影响，也为小孔丘长大成人，成为春秋末期的政治家、思想家、教育家、儒家学派的创始人、世界和中国十大思想家之一、"万世师表"、孔圣人有极大的影响。

趣事有感

领袖说："要讲好中国故事。"

我在为家长们做"培养高情商孩子"的演讲时，一再建议当家长的，要向小孔丘的母亲学习，教育孩子，让孩子学知识，要多用讲故事的形式。

许多大道理，都是正确的，但是，孩子就是听不进去，尽管父母对孩子一再强调"我都是为你好"，说了一些"正确的废话"！但孩子没有听，等于没有说。而且，孩子在9岁、12岁，有两道坎，就是"叛逆期"的时间节点，更是听不进去所谓的大道理。

但是，教育孩子又不能不讲大道理，怎么办？

　　不少父母如同孔母教育小孔丘一样，就用讲故事的方法，把深刻的大道理融入有趣的故事中，孩子既听得进去，又会不知不觉地受到教育，记得很牢。正所谓："随风潜入夜，润物细无声。"

　　讲故事的教育，体现了教育的精髓："教育之美，在于没有了教育的痕迹！"孔母做得好啊！

　　这真是：

　　故事教育多神奇，潜移默化记心里。循循善诱潜意识，造就圣人万般情。

作者出版的其他视频作品

《孝者天助》

30. 好奇提问更成才

小孔丘从小就有一颗好奇心，对母亲、对别人总爱问这问那，这是什么，那是什么，这个和那个又有什么不同，刨根问底，什么都要问清楚，什么都想弄明白。

面对这样一个爱提问的孩子，孔母不仅不嫌麻烦，而且耐心地回答小孔丘的问题。自己回答不了的，还鼓励小孔丘求教于人。

孔母经常对小孔丘说："学问，学问！就是又学又问。要记住，这是你今后学习提高的捷径。"

小孔丘在乡学里上学时，老先生不让学生们提问题，为此，小孔丘一气之下，离开了乡学。孔母没有批评责怪他，反而支持儿子的举动。

后来，小孔丘就把碰到的难题向自己的母亲提问，也请教外人，如官员、平民百姓、白发老人、幼小孩童。所以，当时有人给小孔丘取了个外号，叫"每事问"。

这就是他后来向自己的学生多次教诲的"三人行，必有我师焉"。

有一天，比孔子大几岁的邻居家孩子曼父，带孔子溜进周公庙去看祭祀礼仪。他们见许多官员也整齐地走进庙里，其中有一个戴着麻制礼帽、穿着花纹礼服的人。孔子问："那是什么人？"

曼父说："那是鲁公。"

"鲁公是什么人？是干什么的？"曼父也答不上来。小孔丘一直看到祭祀结束才回家。可是对鲁公是什么人、他是干什么的谜团，一直惦记在心里，直到回家问母亲后才知道了原委。

后来，孔子还专程去楚国拜老子李聃为师，向老子提问请教。

《史记》上还记载了孔子学琴的故事。说小孔丘找师襄子学琴。先学习一支曲子，练了十来天，还在不停地练。师襄子催他，叫他学习新的曲子，小孔丘都不同意。开始，小孔丘说不懂技法；掌握了技法，又说还没有体会出这个乐曲的思想意境。后来，师襄子对他说："你已经弹得很有感情了，可以学新曲子了。"而小孔丘却说："我还弄不清作曲家的为人呢。"

小孔丘见到一些与己无关的事，也要去问。有一天，小孔丘经过泰山旁，见到一个妇人在哭，得知妇人丈夫和孩子被这里的老虎咬死了，就说："你为什么不离开这里？"妇人说："这里没有暴政的统治。"小孔丘听后说道："暴政比老虎更凶恶啊！"

孔丘从小到大，都是一个好问好学的人。

　　孔子懂得那么多道理，成为圣人，这与他一生好学好问是分不开的。

　　今天，有些家长或老师，对孩子或学生问这问那感到厌烦，还说："问那么多的问题干什么？""就你的问题多！""这些问题我也不知道，问这些奇奇怪怪的问题做什么？"

　　对于孩子的提问，有的老师或父母不好好回答，还批评、责怪孩子，弄得孩子不敢多问，让孩子幼小的好奇心嫩芽，在无形中埋没、凋谢和枯萎了。

　　这样一来，打击了孩子提问的积极性，让孩子成长和成才受到很大影响。

　　有人说，教育学生、教育孩子，就是从培养孩子提问开始。学知识从提问开始，当领导以问题为导向，创新创造也要以问题为指引，"发明千千万，起点一个问"。

　　显然，孔母对小孔丘的教育在培养他的好奇心和善于提问方面就做得很好，是众多家长和老师学习的榜样！

　　真是个：

　　问者不相亏，问后便知会。问题做导向，好奇提问贵！

31. 提问题更会思考

有一天，小孔丘对母亲说："娘，我要学文王的八卦。"

这八卦可是周文王《周易》中的一部分，是周文王在狱中推演创立的。

孔母说："《周易》、八卦可不是一般人能学得会的，你外公一辈子学《周易》，至今还不明白，你小小年纪能学得懂吗？"

小孔丘不服气地说："娘，我早已说过，我已经不是小孩子了。"

小孔丘好学的精神，深深打动了母亲。孔母对小孔丘说："我知道的也不多，先给你讲一些简单的，日后靠你自己去钻研。"

孔母一边说，一边从地上捡起一根树枝，在地上画了一个八卦图："八卦，就是乾、坤、震、巽、坎、离、艮、兑。乾为天，坤为地，震为雷，巽为风，坎为水，离为火，艮为山，兑为泽，这就是八卦。"

"八卦是怎样演算出来的呢？"小孔丘听得很认真，又问孔母，要弄个水落石出。

于是，孔母让小孔丘找来五十根草棍，每根两三寸长，教小孔丘在地上演算。一会儿工夫，孔子就懂得了"筮法不过是大衍之数五十，其用四十九……"

从那时起，孔子就爱上了《周易》，他在一生中，曾花了很大精力去研究这门古老的学问，直到"晚而喜《易》，韦编三绝"。

趣事有感

孔子教育学生，爱用提问的方式。他向学生提问，也让学生向他提问，现在叫互动、讨论式教学，所以，他后来的代表作就是将他与学生的若干对话整理而成的书《论语》。

而且，孔子提问后，要学生思考一下才回答。提出问题，本身就是让人去思考的一种方式。问题问题，因题而问，问之对题。有的问题，能够回答；有的问题，可能不能回答。人类社会发展到今天，未知的东西远比已知的东西要多得多，这正是人们不断学习新知识的原因。

通过提问，孩子、学生去思考，去探求问题的原因，比如诸多可能的原因、最根本的原因以及原因的原因，追根溯源，从而针对问题和原因去思考解决问题的办法。

孔母对小孔丘从小以提问的方式进行教育，培养小孔丘的思考能力，这样一来，成就了小孔丘的学习素养，为他学习更多的知识打下学养基础。

孔母的父亲是一位很有学问的人，对《周易》、八卦也很有研究，孔母从小就接受父亲的良好教育，对《周易》、八卦也略知一二。但是，要更深入地向小孔丘解读《周易》、八卦，也确实难为孔母了。关键不在于当时教了小孔丘多少《周易》、八卦知识，而在于这种提问、思考、引导的方法是值得称道的。

真是个：

好奇引起提问，提问引发思考。孔母教子有方，适宜教育就好！

作者出版的其他视频作品

《部下艺术与卓越执行力》

32. 孔子教子勤读书

孔子 19 岁时，娶妻，一年后生子。这时，鲁昭公派人送来鲤鱼表示祝贺，孔子感到十分荣幸，故给儿子取名孔鲤，字伯鱼。孔子很爱他的这个独生儿子。

有一天孔子问儿子孔鲤："学习《诗经》了吗？"

孔鲤回答说："没有学。"

孔子说："不学习《诗经》，就不懂得怎么说话！"于是，孔鲤就回去学习《诗经》。

还有一天，孔子独自站在堂上，孔鲤快步从庭里走过，孔子问孔鲤："学《礼记》了吗？"

孔鲤回答说："没有学。"

孔子说："不学习《礼记》，就不懂得怎样立身。"孔鲤就回去学《礼记》。

孔子让儿子学习《诗经》《礼记》，让儿子会说话、能立身，这显然是孔子的大智慧，是对儿子的大爱。

趣事有感

孔子从小受到母亲良好的教育，孔母一直要求小孔丘好好读书。所以，小孔丘一直喜欢读书，而且博览群书。

孔子为人师时，也教导他的弟子要好好读书，多读书。

孔子年纪较大时，还在认真钻研《周易》。他说："加我数年，五十以学《易》，可以无大过矣"。孔子到了晚年，特别喜欢《周易》，他希望上天能多给他几年，继续学习《周易》，从而达到真正能"五十而知天命"的境界。

于是，他也要求他的儿孙后代好好读书。

虽然孔子的儿子孔鲤平庸，但孔子的孙子孔汲很厉害，是著名的儒学思想家。后人曾经认为孔子的"隔代教育"是非常成功的。

孔鲤也喜欢读书学习，但远不及父亲孔子，话又说回来，孔子的后代不可能有什么人能超过孔子的呀！全世界又有几人能超过孔子呢？

但是，坊间倒流传着孔鲤的两句名言，孔鲤对父亲孔子说："您子不如我子。"孔鲤对儿子孔汲说："你父不如我父。"

孔鲤的这两句话倒是大实话！

真是个：

万世师表孔圣人，教子读书又教孙。孔孟之道育万代，子子孙孙读书人！

33. 尧对舜传承家训

尧和舜为上古先王，是中华民族的共同始祖。

传说，舜并不是尧的儿子，而是尧的女婿。

有一年，尧听说有一个叫舜的人，家境清贫，自小受亲生母亲教育要"以德报怨"；他历经坎坷慢慢成为一个部落的首领，后成为四个部落的首领，很得民心，20岁时，名气就很大了，特别是在孝行方面。于是，尧就把舜召进宫来，经过多方测试，觉得舜的确很优秀，后来，尧没有把王位传给自己的儿子，而是禅让给舜。

舜不仅是中华道德的创始人之一，而且是华夏文明的重要奠基人。尧在传王位的同时，传了四个字给舜，即"允执厥中"，我们可以将其看作华夏最早的家教、家训之一。

允：诚信。执：遵守。厥：其。中：中正。

后来，"允执厥中"便成了一个汉语成语，意思是言行不偏不倚，符合中正之道。我国儒家学说中的"中庸之道"，也可由此找到渊源。

今天，故宫中和殿中间就悬挂着"允执厥中"的匾额。

尧死以后，舜在政治上又有一番大的变革。原已举用的大禹、皋陶、契、弃、伯夷、夔、龙、垂、益等人，职责都不明确。此时，舜命大禹担任司空，治理水土；命弃担任后稷，掌管农业；命契担任司徒，推行教化；命皋陶担任士，执掌刑法；命垂担任共工，掌管百工；命益担任虞，掌管山林；命伯夷担任秩宗，主持礼仪；命夔为乐官，掌管音乐和教育；命龙担任纳言，负责发布命令，收集意见。还规定三年考察一次政绩，由考察三次的结果决定提升或罢免。通过这样的整顿，"庶绩咸熙"，各项工作都出现了新面貌。

上述这些人都在各自的领域取得了辉煌的成绩，而其中大禹的成就最大。后来，舜并没有把王位传给儿子商均，而是禅让给了大禹。传位的遗言是十六个字："人心惟危，道心惟微；惟精惟一，允执厥中"，其中就有尧传给舜的"允执厥中"。这十六个字也成了大禹的治国方针，被称为"十六字心传"，收录到《尚书》中，作为中华文化的"主脉"流传了 4 000 多年。

舜与尧一样，同是先秦时期儒墨两家推崇的古代圣王。

趣事有感

尧、舜，都是中华的先人始祖，那个时候，以部落为主，但是，以家庭为单元的社会已经形成，于是，孝道文化就有了。整个社会，都是崇尚孝道的。尧、舜自己也是尽孝之人，在全社会也倡导尽孝，并用孝道文化引导社会、治理国家。

特别是舜，他从小受到生母良好的道德教育，"以德报怨"

在他幼小的心里扎下了根，虽然受到父亲和继母极不友好的对待，但他实施了"以德报怨"，才有了他"孝"的美名。

尧在传王位于舜时的"允执厥中"，对于舜以后的执政、治理国家具有重要的意义，也几乎是最早、最好的家教、家训了，对于今天治理社会、家风家教的传承和发扬光大，仍然具有重要的意义。

而舜对儒家，又有特别的意义。儒家学说重视孝道，舜的传说也以孝著称，所以他的人格形象正是儒家伦理学说的典范。孟子继孔子之后对儒学的发展有着巨大的贡献，他极力推崇舜的孝行，而且倡导人们努力向舜看齐，做舜那样的孝子。

真是个：

尧舜家训犹可训，治理国家有传人。允执厥中讲诚信，惟精惟一守中正。

34. 舜的王位传给谁

舜把国家治理得很好，威望很高。但是，令他深感遗憾的是，他认为对自己的儿子商均的教育并不成功。其实，商均学习刻苦、努力，学会了不少技艺，热衷于制造。而舜以帝王的标准要求他，认为他有些愚蠢、不肖，只知道唱歌、跳舞和小玩意儿的技艺，不会治理朝政和国家大事，所以没有把王位传给自己的儿子。

传说中，商均与羿和大禹从小一起玩耍，都是好朋友，都有一些本事，都想为国家做些事。

羿说："现在，天空中有 10 个太阳，太热了，只要有一个太阳就行了，我要争取射下 9 个太阳。"

大禹说："现在洪水泛滥，我要让洪水乖乖地听我的话。"

商均说："羿的射箭术高明，就负责射太阳的事吧，我和大禹负责治洪水。"

后来，商均成了夏代虞国的开国之君。

而大禹尽心治理水患，身为表率，凿山通泽，疏导河流，为了治水，有"三过家门而不入"之美谈，后来终于治服了洪水，使天下人民安居乐业。当时，"四海之内皆戴大禹之功"，"天下明德皆自大禹始"，呈现出前所未有的清平局面。

舜在年老的时候，因为觉得自己的儿子商均不肖，因此决定让威望很高的大禹做继任者，并由大禹摄行政事。

舜告诫大禹：人心危险难安，道心幽微难明，只有精心一意，诚恳地秉执中正之道，才能治理好国家。

趣事有感

舜对自己的儿子商均，要求很严格，也有很好的家教，舜自己就为儿子做出了很好的表率。

舜一直对儿子的表现不太满意。其实，舜的儿子商均的表现也还不错。商均兴趣广泛，爱学习技艺，而且掌握了一些技艺；商均刻苦学习，且他的"朋友圈"中羿和大禹都是很不错的人，或者说是一些"正能量满满"的人。商均还配合大禹治水，很卖力。应该说，商均是一个很不错的人。只不过，舜帝用成帝、成王的高标准看待儿子商均，就不满意了，认为儿子是不肖的。

当然，舜传位给大禹也是对的。一方面，大禹为人中正，治水有功，口碑很好，群众拥戴，后来治理国家也很好。特别是舜告诫大禹的几句治理国家的话，在今天看来，也很有教益："人心危险难安，道心幽微难明，只有精心一意，诚恳地秉执中正之道，才能治理好国家。"虽然大禹不是舜的亲生儿子，但舜视为己出，对大禹的教育培养和传位益言，也算一种更大范围内的、广义的家教了。

真是个：

舜王传位重德才，大禹深得众拥戴。治水堪称不世功，家训家教传万代。

35. 文王教武王成人

周朝奠基者，姬昌，史称周文王，在位50年，是中国历史上的一代明君。

据说周文王的儿子有17个。他对孩子的教育，形成了良好家风。

周文王以德化民，推行仁政，深言要治理好国家就要任用贤德之人。周文王求贤若渴，听说姜子牙道德高尚、学识渊博，是当世大贤，就亲自率众到渭水河边去请姜子牙，拜为丞相，请他当自己的老师，向他请教治国安民的方略，从此西周更加强盛起来。

周文王临终前把儿子周武王托付给姜子牙，周文王嘱咐周武王说："以父事丞相，早晚听训指教。可请丞相坐而拜之。"周武王姬发于是听从父亲的教诲，尊姜子牙为相父，又尊为"师尚父"。姜子牙不负众望，励精图治，辅佐周武王伐纣，一统天下，为后世开辟了治国安邦之正道。

周文王在位第五十年的时候得了重病，他预感自己将要离开人世，担心没有时间向其继承人传授家训。戊子这一天，他自己洗了脸，第二天，他把太子发（即后来的周武王）找来，对太子发说："我的病已经很严重了，担心没有时间对你训告。过去人们传承'家训'，一定要把它背诵下来。现在我病得

这么重，你一定要把我说的话记下来。要恭敬做事，不要放纵自己。"

"以前，舜出身于民间，亲自参加劳动，舜就求取'中'，能够自我省察，将事情做好。舜获得了'中'后，更加努力，毫不懈怠。舜的行为得到了尧的赞赏，尧就把自己的君位传给了舜。"

后来，武王遵父训，成就了一番大事业。

趣事有感

周文王和周武王的故事，在我国流传很广。

当时的周文王姬昌，曾经是商纣王的部下，受封为三公，诸侯中周的国力日益壮大，引起商王朝的不安，商纣王听信谗言，将姬昌投进牢里。

他被捕坐牢后，做了三件大事：

一是忍痛吃下儿子的肉做的馅饼。纣王将姬昌的长子杀害，剁成肉酱，做成肉饼拿给姬昌吃。纣王对文武百官说："不是说姬昌是个圣人吗？圣人是不会吃自己儿子的。"不料，姬昌把肉饼全都吃了。纣王认为姬昌也不过如此，便不再对他提心吊胆了。

二是在狱中写成中国乃至世界的奇书《周易》。《史记》记载"文王拘而演《周易》"。

三是通知周国大臣散宜生将贵重物品和美女献给纣王，最终促使纣王放姬昌回到周国。

周文王出狱后，又做了一件天大的事情，礼贤下士，聘请姜尚治理国家。

周文王经历了常人所没有经历的艰难困苦，忍辱负重，又演化《周易》，悟出许多人生道理和处世哲学，特别是治理国家的大道，他自己治理得很好，并且招募了许多人才，在家训、治国、辅助周武王的人才培养方面，都为姬发创造了很好的条件。而周武王继位后，他继承父志，谨遵父训，重用人才，灭商建周，把国家治理得很好，受到人们的爱戴。

感慨：周文王堪称"圣人"，做派特优，而且知识面广，所以，他的家训、治国之道很有深度、广度。恰恰他的儿子也是一块好料，接受父训，成材成人，而且把它发挥到了极致。

真是个：

好人才有好家训，家训自有继承人。文王教导周武王，周朝终究有大成。

36. 唐太宗教子有方

唐太宗李世民，是我国历史上少有的明君，他懂得国家要兴旺发达、长治久安，搞好子女教育非常重要，这可是帝王的大智慧！

他认为教诫太子诸王是"当今日之急"。他认为：子女中，有人是要继承帝位的，其他的是要封王的，如果子女教育得好，他们继承了帝位，封了王，才有可能成就千秋伟业，但是，如果教育得不好，子女会为了王位自相残杀，当年不是有一个"玄武门之变"吗，李世民自己是有这方面的重要经历和深刻教训的。

唐太宗给几个儿子选择的老师都是德高望重、学问渊博的人，如房玄龄、李纲、张玄素、李百药、魏徵等，并专门下诏书规定了对待老师的礼仪。

他一方面告诫子女要尊师重教，"见师如见父"，要"宜加尊敬，不得懈怠"；另一方面支持老师严格管教，鼓励老师对太子及诸王的过失极言劝谏。老师们能够坚定地履行职责，与唐太宗的理解、支持和鼓励是分不开的。

趣事有感

李世民作为一代明君，在教育孩子方面，特别突出的是：

第一，聘请好老师，让好老师教育出好孩子。这也应该算是李世民"家教"的一种延伸和扩展。老师聘请得不好，不仅是一般平民那种"误人子弟"的问题，更有可能是误国、祸国的根源！

第二，李世民要求他所聘请的老师严格管教孩子，要老师们如同他自己一样管教孩子，看到王子们的过失言行就当面指出，不留情面、无所畏惧。

第三，特别值得称道的是，李世民还要求王子们要像敬重父亲、父皇一样尊敬老师，"见师如见父"，这比我们今天传颂的"一日为师，终身为父"可能更进一层。

今天，我们的家长，要学校的老师把自己的孩子教好，首先父母就要尊重老师，给孩子做出榜样。其实，很多家庭并没有像样的、成文的家训，许多家训都是老师代劳的。

多年前，听到一则消息，令人唏嘘不已：政府出台一项政策要求老师的工资待遇不得低于当地的公务员。有一次，要明明白白地给老师提工资了。据说有少数人有意见，甚至说一些怪话，做一些过激的行为。与此同时，这些"愤青"，却千方百计把自己的孩子送到好学校，送给好老师教。人，怎么能这样呢？向李世民学习学习尊师重教的家训吧！

真是个：

一代明君李世民，育子有道重家训。见师如同遇见父，老师严管如双亲。

37. 曹操很重视家教

曹操很重视子女教育。据传，曹操虽然子女众多，但他对每一个子女都很爱，他把对子女的爱重点放在了对孩子的精心教育上。

据说曹操至少有 32 个子女，其中 25 个儿子，7 个女儿。25 个儿子中有 9 个早薨，长大成人的有 16 个。

曹操亲自教育孩子。他本身就是一位战略家、军事家，也是一位文学家。所以，他对子女文学方面的培养颇为重视。他也聘请好老师教育子女。

曹操有几个儿子深得他的教益，很了不起，比如曹丕，"博闻强识，才艺兼备"；曹植，才高八斗，有人称其为诗之"仙才"，作为建安文学的代表人物之一与集大成者，在词采华茂方面，曹植的确做到了业界领军人物的水平，他凭《七步诗》广为人知：

煮豆持作羹，漉菽以为汁。

萁在釜下燃，豆在釜中泣。

本自同根生，相煎何太急？

其次，还有曹彰，他以武艺超群名闻天下；以及早夭的神童曹冲，关于他的故事，流传甚广的是"曹冲称象"，据说五六岁的时候，曹冲的智力就达到了成人水平……

这些都跟曹操重视子女教育分不开。

趣事有感

在《三国演义》中，曹操被丑化了。其实，曹操是一代枭雄，是一位政治家、军事家、文学家，也是一位教育家。

我很喜欢曹操《短歌行》中的一些诗句："对酒当歌，人生几何！譬如朝露，去日苦多。慨当以慷，忧思难忘。何以解忧？唯有杜康。"并且，我在演讲中，多次引用曹操《短歌行》中的诗句。这些诗句，脍炙人口，寓意深刻，流传甚广。

其实，曹操本人就是一位很好的家庭教师，他的水平和能力以及学识，既直接教导了孩子，又潜移默化地影响了孩子。

曹操要求孩子从小认真读书，并在不少场合亲自给孩子讲解书中的道理。所以，曹操的大多数子女都很爱读书学习。

当年，主簿杨修介入"太子"废立之争，曹操知道后，就很不高兴，要求子女在对待"太子"的问题上，不要与大臣们走得太近，不要与大臣们结成某种特别的关系。其实，这就是在教导孩子们一种做人的道理，做名人、大官子女的道理。

真是个：

一代枭雄曹孟德，子女教育有特色。家庭教育亲力为，学文论诗身作则。

38. 武夫李晟训教女

李晟是唐德宗时期著名的大将，虽为一介武夫，却从未忽视对子女的教育。

李晟的女儿许配给吏部尚书崔枢为妻。一次，李晟做寿，其女也从婆家赶来为父亲庆贺。酒宴中，一个侍女来到女儿身旁耳语了几句，女儿听后似乎极不耐烦，但依旧与客人们推杯换盏，谈笑自若。后来，在侍女的再三催促下，女儿才被迫退席。可是，很快她就又回到了宴席。

这一幕被李晟看到了，他觉得其中必有缘故，便召来女儿问个明白。女儿答道："刚才侍女来报，昨晚我婆婆得了一场小病，我看也没有什么大不了的，便派人回婆家代我看望婆婆了。"

李晟听罢大怒，对女儿说道："你真是一个没有教养、不懂礼仪的孩子啊！你的婆婆病了，你作为儿媳妇，就应该在婆婆家侍奉左右，要像对待自己的父母一样孝敬公婆，这才是我李家知书达理的女儿啊。"

于是，女儿听从了父亲的训教，急忙赶回家照料婆婆去了。而李晟在家宴结束后，也专程到崔家看望亲家，同时对自己疏于对女儿的管教表达了深深的歉意。

李晟教女的故事在当地传为美谈。由于李晟被封为西平郡王，因而，李家的家法也被时人称为"西平礼法"，成为一时的表率。

趣事有感

中国长期流传的是"子不教，父之过"。我在多次演讲中，在我那本《育子三件宝：言传、身教、环境好》一书中也谈到，有调查资料表明，孩子身上的一些毛病和问题，有70%左右可以在父母身上找到原因，所以，有人说："孩子有病，该爸爸妈妈吃药。"

父母是一面镜子，照出孩子的样子；孩子是一面镜子，照出父母的样子。

李晟是一介武夫，但能够细心观察，教育子女有教养、讲礼仪、尽孝道，而且对已经出嫁了的女儿的教育还是一如既往，如此严格，难能可贵。在教育孩子方面，李晟能够为自己孩子做出榜样，更是难得！

李晟的"西平礼法"，对今天的父母教育小孩子、大孩子，都有很重要的现实意义。

真是个：

一介武夫善教女，训导有方懂礼仪。西平礼法做表率，孝敬婆母人称奇。

39. 郑板桥临终心愿

清代书画家、文学家郑板桥，临终前最不放心的就是他的儿子。他担心儿子没有经历过风雨，不知世道艰难。

病床前，亲人悲痛欲绝。

弥留时，郑板桥精神再现。

他的儿子问郑板桥："父亲还有何教诲？还有什么心愿未了？"

郑板桥对他说："儿啦，为父想尝尝你亲手蒸的馍。"

父命难违，平日只是专心读书的儿子，在厨房里手忙脚乱，蒸个馍跟上阵打仗一样，尝试好多次都没有成功。

父亲奄奄一息却没有等到儿子蒸馍成功，没有吃到儿子亲手蒸的馍就逝世了。郑板桥的儿子号啕大哭，痛悔平日没有一技之长，并深切感受到小事不学也是不会的。

当他亲手为父亲穿寿衣时，发现父亲枕头下留有字条："不靠天，不靠地，不靠祖宗，靠自己。"

郑板桥的儿子看着父亲给自己留的字条，顿时震撼！于是，终身铭记。

儿子这时才明白，老父临终难以瞑目，不是真的要吃馍，而是希望自己自强自立。

趣事有感

郑板桥，在康熙年间中秀才，雍正年间中举人，乾隆年间中进士，曾在山东两个县任县令，政绩显著，官声颇佳。郑板桥为江苏兴化人（原属扬州），后客居扬州，以卖画为生，为"扬州八怪"的重要代表人物。

郑板桥一生只画兰、竹、石，自称"四时不谢之兰，百节长青之竹，万古不败之石，千秋不变之人"。其诗书画，世称"三绝"，是清代比较有代表性的文人画家。

我很喜欢郑板桥的一首题兰花的诗：

兰花与竹本相关，总在青山绿水间。

霜雪不凋春不艳，笑人红紫作客顽。

特别喜欢郑板桥的《竹石》：

咬定青山不放松，立根原在破岩中。

千磨万击还坚劲，任尔东西南北风。

郑板桥教育孩子的故事引人沉思，而他逝世前留给儿子的字条遗言，就是教育儿子自强自立，靠自己努力奋斗。这也是一条家训吧！当然，这也体现了郑板桥教育孩子的大智慧！

这真是：

板桥育子留遗言，劝儿自立意志坚。靠谁皆非长久计，人生自强天地宽。

40. 父亲史官儿《史记》

司马迁是西汉的史学家、文学家。

年幼的司马迁在父亲司马谈的指导下习字读书，10 岁时已能阅读诵习古文《尚书》《左传》《国语》《世本》等书。他从小就接受当史官的父亲关于历史知识的教育，因而对历史产生了浓厚的兴趣。

汉武帝建元年间，司马谈到京师长安任太史令一职，而司马迁则留在龙门老家，继续耕读放牧。

稍稍年长之后，司马迁离开了龙门故乡，来到京师父亲的身边。此时司马迁已学有所成，司马谈便指示司马迁遍访河山收集遗闻轶事，网罗轶事旧闻。司马迁从 20 岁开始，就进行了几次全国性的大游历，获得了史籍上没有的大量史料，同时初步熟悉了全国的地理环境，广泛接触了人民和现实生活，更使他立志写一部空前的史书。

为了集中精力写好这本书，他闭门谢客，每天一办完公务，就钻进书房里去了，一直写到深夜。正当他写得比较顺利的时候，一件意外的事使他不得不中断写作。

他过去的同事李陵，随李广去打匈奴，结果因寡不敌众，被俘后投降了敌人。由于他对李陵的印象很好，就上书为李陵辩护，说他是假投降，请汉武帝不要深究。

汉武帝看后，勃然大怒，马上下令把司马迁投进大牢。司马迁在狱中，受尽了折磨，但他还想着出狱后完成他的著作。谁知一年以后，他不仅没有获释，反而被加重了刑罚，被施以宫刑。

后来，他遇赦出狱，并奉旨当了中书令，继续写他的书。

司马迁的信念是："我是为这部史书著作活下来的，我一定要像窗外的古柏那样，不怕风吹雨打，坚持写到底！"

就这样，司马迁整整写了18年，直到60岁的时候，才完成52万多字的辉煌巨著《史记》。如果从20岁收集资料时算起，一共用了40年的时间。

《史记》被公认为中国史书的典范。该书记载了从上古传说中的黄帝时期到汉武帝太初四年（公元前101年），长达3 000多年的历史，为"二十六史"之首，被鲁迅誉为"史家之绝唱，无韵之离骚"。

趣事有感 ━━━━━━━━━━━━━━━━━━

在读小学的时候，我就知道有一个司马迁，长大了，读了大学之后，对司马迁有了更多了解。

我钦佩、崇拜司马迁。

第一，因为他写出了《史记》，所以被后世尊称为"史迁""太史公""历史之父"。《史记》也是文史哲学者等

文人必读之书。

第二，他意志坚强，在受宫刑后，在身体异样、他人耻笑、精神受到打击的艰难情况下，仍然坚持写完了鸿篇巨著《史记》。这部著作也是中华传统文化的一部分、国学经典，给世人留下了极丰富的文化财富。

第三，他的文学造诣极高。司马迁是一位文学家，他的散文写得很好。比如《报任安书》，是司马迁写给友人任安的一封回信。作者在信中以激愤的心情，陈述了自己的不幸遭遇，抒发了为写《史记》而不得不忍辱含垢、苟且偷生的痛苦心情。文章发语酸楚沉痛，笔端饱含感情，是一篇不可多得的奇文，具有极其重要的史料价值和文学价值，堪称散文的典范。全文结构严谨，层次分明，前后照应；说理和叙事融为一体，清晰透辟；语言丰富而生动，句子或长或短，以排比、对偶句穿插其间，使文章更富感情色彩。在文章当中，他将强烈真挚的情感表现得淋漓尽致，将封闭压抑的情怀一吐为快，字字血泪，处处真情，理灼古今，动人心魄。"人固有一死，或重于泰山，或轻于鸿毛"这样的名句，也出自该文。

第四，司马迁的很多名言警句，我特别喜欢，我在小时候就能诵读一些，比如：

富贵者送人以财，仁人者送人以言。

求学贵于博，求道贵于要。

燕雀安知鸿鹄之志。

忠言逆耳利于行，良药苦口利于病。

泰山不让土壤，故能成其大；河海不择细流，故能就其深。

千人之诺诺，不如一士之谔谔。

飞鸟尽，良弓藏；狡兔死，走狗烹。

不飞则已，一飞冲天；不鸣则已，一鸣惊人。

有志者，事竟成，破釜沉舟，百二秦关终属楚；苦心人，天不负，卧薪尝胆，三千越甲可吞吴。

……

第五，司马迁的父亲对他的教育很好，对他史学方面的兴趣培养和知识的积累，成就了这位伟大的史学家。

真是个：

《史记》巨著绝唱篇，重于泰山司马迁。坚强意志比松柏，留得美名满人间！

41. "二王" 书法冠天下

书法家王献之，是王羲之的儿子，二人的书法在中华大地上名头很响，并称"二王"。王羲之的《兰亭序》更被称为"天下第一行书"。

王献之自小跟父亲王羲之学写字。

有一次，他要父亲传授习字的秘诀，王羲之没有正面回答，而是指着院里的十八口水缸说："秘诀就在这些水缸中，你把这些水缸中的水写完就知道了。"王献之心中不服，认为自己人虽小，字已经写得很不错了，于是下定决心再练基本功，好在父亲面前显摆一下。

王献之天天模仿父亲的字体，练习横、竖、点、撇、捺，足足练了两年，才把自己写的字拿给父亲看。父亲笑而不语，母亲在一旁说："有点像铁划了。"

王献之又练了两年各种各样的钩，然后拿给父亲看，父亲还是一言不发，母亲说："有点像银钩了。"

王献之这才开始练完整的字，足足又练了四年，才把自己写的字捧给父亲看。

王羲之看后，因为嫌儿子写的"大"字架势上紧下松，便在儿子写的"大"字下面加了一点，成了"太"字。母亲看了王献之写的字，叹了口气说：我儿练字三千日，只有这一点像你父亲写的！

王献之听了，这才彻底服了。从此，他练习写字更加用功了。

王羲之看到儿子用功练字，心里非常高兴。

一天，他悄悄地走到儿子的身后，猛地拔他执握在手中的笔，没有拔动，于是，他赞扬儿子说："此儿后当复有大名。"

王羲之知道儿子写字时有了手劲，这才开始悉心培养他。

后来，王献之真的写完了这十八缸水，与他的父亲一样，成了著名的书法家。

趣事有感

我在小学时，就有书法课，老师让我们写小字、大字。我们写的小字，老师是要打分的；我们写的大字，老师会在一篇毛笔字中，对写得好的某一个字、某几个字打上红色的圈。每一次科代表发大字本，我们都要比一比谁的圈多。可惜，不知道什么时候，中小学的毛笔大小字课就没有了。

后来"文化大革命"期间，因为要抄写"大字报"，我还真的写了不少毛笔字，虽然我的毛笔字还算可以，但是，因为一直没有临过帖，没有习过"二王"、柳、颜、赵、苏、米，所以一直到老了，都是"我字体"，不入流，不入格！

　　但我喜欢欣赏书法，喜欢看名家写的字，当然更喜欢"二王"的书法。

　　王羲之7岁开始学习书法，精研体势，心摹手追，博采众长，"熔于一炉"，其书法兼篆、隶、草、楷、行五种字体，创造出"天质自然，丰神盖代"的行书，被后人誉为"书圣"。特别是王羲之的《兰亭序》，被历代书法家公认为举世无双的"天下第一行书"，这是王羲之晚年的得意之作。

　　王献之作为王羲之的儿子，自幼随父学习书法，加上自己的刻苦，以行书和草书闻名，楷书和隶书亦有深厚的功底，与其父并称"二王"，并有"小圣"的美称。王献之的画作也十分了得。

　　谢安曾问王献之："你的书法与令尊大人相比，怎样？"王献之答道："当然不同，各有所长。"这倒是大实话。

　　这真是：

　　"二王"美誉名天下，各有所长皆大家。书圣小圣书法圣，小圣喜书亦爱画。

42. 千古传唱《诫子书》

诸葛亮晚年得子，取名瞻，字思远，希望自己的儿子"志存高远"。

他非常喜爱自己的这个小儿子，但同时又对他的成长充满了担忧。

他在给其兄诸葛瑾的信中曾说道："诸葛瞻今年8岁了，聪慧可爱，但我担心他过于早熟，最后成不了大器！"

可见，诸葛亮十分重视子女的早期教育。他亲自履行自己"俭以养德"的做人准则，希望子孙后代成为拥有远大理想、勤学俭朴的有为之人。

他在《诫子书》中写道："夫君子之行，静以修身，俭以养德；非淡泊无以明志，非宁静无以致远。夫学须静也，才须学也；非学无以广才，非志无以成学。慆慢则不能励精，险躁则不能治性。年与时驰，意与日去，遂成枯落，多不接世。悲守穷庐，将复何及！"

诸葛亮写给儿子的一封信，只用了短短86个字，但是对儿子学会做人有精简而具体的忠告。

诸葛亮，字孔明，号卧龙（也作伏龙），三国时期任蜀汉丞相，是杰出的政治家、军事家、外交家、文学家、书法家、发明家，也是中国古代智慧的化身，是中国历史上少有的几个文人带兵打仗的典型。

从小，我就很喜欢读诸葛亮的故事，特别是读到《三国演义》中诸葛亮以计取胜的故事，每次都兴奋不已。什么诸葛亮智激周瑜、智取华容道、智辞鲁肃、智取汉中、智取三城、七擒孟获、火烧赤壁、草船借箭、智借东风等，我印象特别深刻。他给我的印象总是沉着冷静、多谋善断，思维缜密、口若悬河。运筹帷幄之中，决胜千里之外。

其实，诸葛亮教育孩子的智慧也很高大上，过去也许鲜为人知。虽然他的后代没有他那么大的名气，也没有他那么高的成就，但是，他的儿子诸葛瞻的一生也算风光。据说诸葛瞻娶了一位公主，被封了官，承继了武乡侯的官爵，后来统领中央各项事务，但因为一次战略上的失误，兵败被杀。此后不久，蜀国也灭亡了。诸葛瞻留下的后代也就是诸葛亮的孙辈，均没有什么记载。

但有宗谱表明诸葛亮的后裔一直在浙江一带生活，还统计到大概50多代子孙，总共有8 000多人。至于这些人具体有什么成就，不详。

诸葛亮在1 800多年前的育子智慧，一直被后人称颂。

特别是他在《诫子书》中的"非淡泊无以明志，非宁静无以致远"，也算是传统文化的经典，国学中的"大学"，被千古传颂！

我尤其喜欢他《诫子书》中的"静以修身""夫学须静也"这两句。是啊，怎一个"静"字了得：平心静气、静心悟道、静心学习，每逢大事有静气！

真是个：

孔明智慧在用兵，岂知育子真聪明。千古传唱《诫子书》，八十六字乃真经。

作者出版的其他作品

《静心悟道》

43. 王阳明毕生追求

王阳明小的时候曾一度痴迷象棋，忘记吃饭，忘记睡觉，更忘记读书。他的父母看在眼里，急在心里，多次教育告诫，但最后居然到了"规劝不止、学不思进"的地步。

王阳明的父亲觉得儿子这样下去是不行的，感到他有点玩物丧志。

有一次，王阳明的父亲一怒之下将王阳明正在玩的棋子扔进了河里。

这一次，对王阳明的触动很大，他不仅看到了父亲的异常愤怒，也看到了父亲的万分痛心，更看到了父亲的望子成龙。

从此以后，王阳明完全像变了一个人，不再玩物丧志，而是把"勤读书、戒游戏、做良士、成圣贤"当成自己的毕生追求。

王阳明没有辜负父母的期望，在做学问、做人、带兵打仗方面，都是一流的人才，而且，他的"阳明心学""致良知""知行合一"，更是中华传统文化的精髓、国学中的经典。

王阳明也写了《示宪儿》的家训教育后代，其中就有"幼儿曹，听教诲：勤读书，要孝悌；学谦恭，循礼义；节饮食，戒游戏；毋说谎，毋贪利……"。他把"勤读书"放在了重要的位置。

趣事有感

王阳明，就是王守仁，浙江绍兴府余姚县（今属浙江省余姚市）人。明代著名的思想家、哲学家、书法家兼军事家、教育家。

王阳明1499年中进士，历任刑部主事、贵州龙场驿丞、庐陵知县、右金都御史、南赣巡抚、两广总督等职，晚年官至兵部尚书、都察院左都御史。因平定宸濠之乱等军功而封爵新建伯，隆庆时追赠侯爵。

有人说王阳明是心学集大成者，与孔子、孟子、朱熹并称为孔、孟、朱、王。

王阳明的学术思想不仅在中国流传甚广，也传至日本、朝鲜半岛以及东南亚。王阳明立德、立言于一身，成就冠绝大明一代，弟子极众，世称姚江学派。其文章博大昌达，行墨间有俊爽之气，著有《王文成公全书》。

王阳明父亲是状元，王阳明从小便受到很好的教育。据说王阳明5岁仍不会说话，但已默记祖父读过的书。少年时就喜欢学兵法，15岁时就屡次上书皇帝，献策平定起义。28岁中进士，后曾多年为官，并带兵打仗。

王阳明的代表作有《大学问》《王阳明全集》《传习录》。

其作品收录于《明史》《古文观止》。

王阳明最高的成就与贡献是"阳明心学"。

从根本上说来就是"致良知"，它是王阳明心学主旨。

第一，"心即理"。认为这个世界的一切景象、原理、道理都已植入人心，人同此心、心同此理。认为人自己生来就具备了所有东西，只要去伪存真，只要通过实践激活，只要把不好的东西移出去，留下好的，留下良知，最终就能成为圣人，这样一来，通往圣人的道路听起来就容易多了。

第二，知行合一。在"心即理"的基础上，知中有行，行中有知，知就是行，不知不行，不行不知。

第三，致良知。人的内心是有规律的，人的内心深处都有良知。良知和其他深藏在内心深处的东西一样，需要不断激活。要不断去伪存真、去粗取精，把内心不好的东西剔除出去，"存天理，灭人欲"，留下良知，这个过程就叫致良知。

真是个：

阳明心学致良知，知行合一成共识。育子后代勤读书，平民圣贤盖如此。

44. 仲淹教子重德行

一次，范仲淹让次子范纯仁从苏州运麦子去四川。

范纯仁回来时碰见熟人石曼卿，得知他因适逢丧亲，无钱运柩返乡，故停留于此。范纯仁便将一船麦子全部送给了石曼卿，助其返乡。

范纯仁回到家中，因无法向父亲交差，所以久久站立在父亲身旁，没敢提及此事。

范仲淹问他："你在苏州遇到朋友了吗？"

范纯仁回答说："路过丹阳时，碰到了石曼卿，他因亲人丧事，没钱运柩返乡，而被困在那里。"

范仲淹立刻说道："你为什么不把船上的麦子送给他呢？"

范纯仁回答说："我已经送给他了。"

范仲淹听后，对儿子能这样做非常高兴，并夸奖他做得对。

趣事有感

范仲淹是北宋时的思想家和教育家，熟读儒、道经典，

并崇信佛法，官至参知政事。

范仲淹在《岳阳楼记》中写的"先天下之忧而忧，后天下之乐而乐"家喻户晓。

范仲淹治家甚严，教子有方。他教导子女做人要正心修身，积德行善。在他的教导下，他的四个儿子从小就熟读经书，学有所成，为人正直。范家家风淳朴，乐善好施。

俗话说，富不过三代，但是范仲淹后世家族，据说兴旺了 800 多年，至今苏州一带范氏后人依然兴旺。这一切皆因他临终前做了一件事，留给子孙一则长仅百字的家训，即《范文正公家训百字铭》：

> 孝道当竭力，忠勇表丹诚；
>
> 兄弟互相助，慈悲无过境。
>
> 勤读圣贤书，尊师如重亲；
>
> 礼义勿疏狂，逊让敦睦邻。
>
> 敬长舆怀幼，怜恤孤寡贫；
>
> 谦恭尚廉洁，绝戒骄傲情。
>
> 字纸莫乱废，须报五谷恩；
>
> 作事循天理，博爱惜生灵。
>
> 处世行八德，修身率祖神；
>
> 儿孙坚心守，成家种义根。

范仲淹教育子孙虽有家训，更有自己的身体力行，做出表率。

范仲淹的母亲去世后，按当地风俗，他曾请风水先生来看他给母亲选择的墓地。风水先生说，他母亲的葬处是"绝地"，他家会断子绝孙，劝他迁移。

范公说："既然是绝地，就不应让别人来承受这样的坏运气，我宁愿自己承受；如果我该绝后，就是迁坟又有什么用呢？"

结果他没有迁坟。范公不仅没有绝后，而且后世子孙人丁兴旺。

范仲淹还位居相位时，就有人告诉他苏州有一块著名的风水宝地——南园，许多人都劝他把南园买下来做住宅，以利后代出人才、做大官。

范仲淹说，一家人发达、富贵范围太小，大家都发达了，才是大富贵。

于是他花钱买下南园，创办了"苏州书院"，培养出不少人才。近1 000年来，据说这里出了近400个进士、80多个状元。

真是个：

范氏家训意深长，百字铭文育儿郎。积德行善传千年，天下忧乐家族旺！

45. 慈欧母 "画荻教子"

北宋时期，有一个平民百姓家的孩子叫欧阳修，虽然后来的名气很大、很有成就，但欧阳修4岁那年，父亲去世了，家里生活非常困难。

他的母亲郑氏一心想让儿子读书，可是，家境困难哪有钱供孩子上学呢？

欧母是一位有文化的人，决定亲自教儿子读书。

家里困难她买不起纸笔，她就用荻草秆当笔，铺沙当纸，教儿子在沙地上写字、认字。

欧阳修小小年纪就很懂事，在母亲的教育下勤奋学习。后来，欧阳修有了一番成就，尤其是文章写得很出色，在文学上有很高的成就，成为北宋杰出的文学家和史学家。

趣事有感

欧阳修，北宋政治家、文学家，与韩愈、柳宗元、苏轼、苏洵、苏辙、王安石、曾巩合称"唐宋八大家"，并与韩愈、柳宗元、苏轼被后人合称"千古文章四大家"。

欧阳修是宋代文学史上最早开创一代文风的文坛领袖，

领导了北宋诗文革新运动，继承并发展了韩愈的古文理论。

据说少年时代的欧阳修家贫如洗，为觅生计和求学，四处奔波。12岁那年的一天，他身背行囊，匆匆行至襄阳城下，见城门已关，抬头望见城头有一个老兵把守，便拱手施礼道："烦请老伯开门，放学生进城好吗？"

老兵问："城下何人？为何现在进城？"欧阳修答道："读书人远道而来，进城求宿。"老兵本不敢违例开城门，但听出是个很懂礼貌又有点口才的书生，顿起爱怜之心，说道："既是书生，我出一联，对得出，放你进城；对不出，明晨再进。"

欧阳修答道："遵命。"老兵念道："开关早，关关迟，放过客过关。"欧阳修一听这上联，看似随便说出，其实叠字连用，暗藏机巧，便接上说："出对子容易，对对子难啊，请先生先对吧。"老兵大声道："我是要你对的！"欧阳修笑道："学生已经对过了。"老兵一想，恍然大悟，立即下城楼开了城门。

讲到这里，有人会问："对联讲究的是字数相等，既然上联11个字，下联怎么是16个字呢？"其实，这副对联是：

> 开关早关关迟放过客过关，
>
> 出对易对对难请先生先对。

真是个：

一代才子欧阳修，自幼勤奋功名就。全凭欧母教导好，诗词散文冠神州。

46. 子发母拒子入门

子发是战国时期楚国的一员名将，一次，他奉楚宣王之命带兵跟秦国交战。前线断了粮草，他派人向楚王告急，使者路过子发家，问候子发的母亲。

子发母亲问来使："兵士们都好吗？"

使者说："军队里还有一些豆子，大家只能一粒一粒分着吃。"子发的母亲又问："你们的将军身体好吗？"

使者回答说："将军每顿都能吃上肉食和米饭，身体很好。"

子发的母亲听了很不高兴。后来，子发打败了秦军。当他打完胜仗兴冲冲归家时，他的母亲却紧闭大门，不准儿子进家，隔着门，对门外的儿子讲起故事来："你听说过越王勾践伐吴的事吗？有人献给越王一罐酒，越王就派人把酒倒在江的上游，让士兵们一起饮下游的水，虽然大家并没有尝到酒味，但每个人的战斗力都提高了 5 倍。过了几天，又有人献给越王一袋干粮，越王又把干粮分给了士兵。虽然大家并没有吃饱肚子，但每个人的战斗力都提高了 10 倍。现在你身为将军，粮食不够，士兵们只能分一点豆粒吃，你自己却早晚都有肉食、米饭，这是什么道理？你使士兵陷入绝境，自己却在上面享乐，你这样当将军，虽然打了胜仗，也只是出于偶然，并不是你的功劳。你这样做，还是我的儿子吗？

你不要进我的家门了。"

子发听了母亲的批评，觉得有道理，赶紧向母亲承认错误，并表示决心改过，他的母亲这才打开大门，让他进门回家。

趣事有感

显然，子发的母亲是一位深明大义的人，也是一位有历史文化知识的人，更是一位用正能量教育儿子的人，而且教育方法很不错：

先是通过使者了解儿子身为将军在军营里的情况，做到胸中有数，从而在教育儿子时更有针对性。

再就是当儿子打了胜仗回家时，用不给他开门的方式，强迫儿子听自己的教育。

而且，她教育儿子的方式也很可取。她不是一味地讲大道理，也不是谩骂，而是通过一个历史文化故事，来教育当将军的儿子如何带兵、如何做官，以及如何做人。方法得当，效果很好，儿子很快认识到自己的错误。

母亲的这种教育方式，应该会有好的效果。相信子发今后再带兵打仗，可能就会记住母亲讲的故事，记住母亲的教诲，可能就会与士兵同甘共苦，同生死共患难。

今天，许多老师在讲领导科学时，经常用这个故事。

真是个：

子发老母明大义，教子方法真稀奇。关门讲了好故事，儿子认错有出息！

47. 田母训儿退贿金

战国时，有一个田稷子，他在齐国当了3年丞相后告老还乡，带回黄金2 000两。

他的母亲见了可疑，就问他："你担任丞相3年，怎么可能拿回这么多俸禄？这笔钱是从哪里来的？是不是做了违背正人君子的事？"田稷子承认是一个下级官吏送的。

田母听后严厉地说："我听说读书人应该有道德修养，行为要纯正，不能随便获取不义之财。办事要尽力，说话要诚实，不能欺骗人。心里不想不合适宜的事，不正当的钱财不拿到家里来。言行一致，表里如一。现在，齐王封你做这么大的官，俸禄也很优厚，你就应该努力把国家的事情办好。作为一个大臣，治理国家，你不仅要竭尽全力，忠于职守，至死不渝，还要廉洁公正，这样办事才能顺利，自己也可以避免灾祸。而你的做法，正好相反，距离一个忠臣的标准太远了。做大臣不忠，和做儿子不孝一样。不义之财，我不能要。不孝的儿子，我也不能要。"

田稷子听了母亲的教训，觉得很惭愧，他退回了贿金，并主动到齐宣王那里请罪。齐宣王知道后，对田稷子的母亲大加赞赏，他决定赦免其罪，并对田稷子的母亲进行奖励。

趣事有感

我多次看过这个故事，很感动。

天底下有这样好的母亲，真是不容易。在很多情况下，许多母亲都是教孩子学知识，或者是找一个好老师教孩子学文化，但是，在上述这方面教育孩子实属罕见！

从古至今，很多好官员，背后或者有不贪财的好父母、好妻子，或者有好儿女。而许多贪官，之所以腐败，甚至贪得无厌，与父母、妻儿的关系很大。据说，四川省某市纪律检查委员会和纪委组织部的领导，还组织过官员的家属到监狱里受教育，这是一项很好的活动，通过家属做官员的工作，可以起到很好的教育效果。

而故事中的田母，并没有见钱眼开，面对 2 000 两黄金能够不为所动，不但没有怂恿做官的儿子受贿，更难能可贵的是，在朝廷、皇帝并不知晓的情况下，在明知退回受贿黄金可能获罪的情况下，依然坚持让儿子退回贿金，这真是值得领导干部的家属学习、警醒的地方！

真是个：

田母真是好母亲，教育儿子退贿金。若得家家皆如此，贪官大都难藏身。

48. 清皇室教子读书

清朝共 276 年的历史，10 位皇帝（如果从 1616 年努尔哈赤建立后金算起，到 1912 年宣统帝下诏退位为止，共 296 年的历史，把努尔哈赤和皇太极算上共有 12 位皇帝）。诸位皇帝大都重视子女教育。

清朝规定皇帝的孩子 5 岁入阁读书，学习内容不仅有满、汉、蒙三种语言，更有文史典籍、骑射武艺等，皇子读书的时间为"卯入申出"，也就是早晨 5 点至下午 3 点，没有午休，全年只放 5 天假！

每天早上天还不亮，大臣都没来上朝，小太监们都倚在柱子上假睡呢，小皇子们就已经起床去上书房学习了。

康熙皇帝自己回忆说，他 5 岁开始读书，从不间断，累到咳血，仍然坚持。每日老师指定一段内容要念 120 遍，之后再背诵一段新的内容，直至把《大学》《中庸》《论语》《孟子》完全背下来。而且皇子们读书没有毕业日期，什么时候皇帝给皇子派差了，这才算毕业。

嘉庆皇帝读到了 37 岁，乾隆就是不安排他做工作。读书到 37 岁，可能是现在的博士后了。

难能可贵的是，清朝皇帝普遍要求子女学习汉文化，特别要求与汉人和谐相处。有人认为，在这方面，清朝要比元朝做得好太多了。

趣事有感

在我们的想象中，皇帝的子孙都是一些游手好闲、无所事事、不学无术的人，但是，看了上面这些关于清朝皇帝们要求孩子刻苦读书的资料和故事，完全改变了我过去的看法和想法。

清朝建立之初，统治者意识到要统治并治理好天下，需要重用汉族官员，加强与汉文化的融合。所以，清朝皇帝十分清楚，必须让孩子努力读书，学习汉文化。就此而言，不得不说清朝这些皇帝做出的让子孙后代勤奋努力读书学习的决定是特别高明、充满智慧的！

其实，中国历史上许多朝代的皇帝也都看到了这一点，也有这方面的一些规定，只不过，清朝皇室的这些规定，更加突出而已。

真是个：

皇室尚且如此，百姓理应更甚。勤奋努力读书，岂有贵贱之分。

49.康雍制《庭训格言》

康熙一生兢兢业业，修身、齐家、治国、平天下都十分认真，可谓耗尽心血和精力。

康熙对皇子们的家教非常重视，所施行的方法也比较成功，从他之后即位的雍正、乾隆等有作为的皇帝身上，可以看到其家教思想的影响。

康熙平时在宫中经常教诲皇子皇孙，可惜他在世时没有形成成文的东西。但是，雍正即位后，回忆康熙家训，加以追述，整理汇编成《庭训格言》，共246则。

以下摘录八条精华，管中窥豹，可见一斑。

第一条，凡人处世，惟当常寻欢喜，欢喜处自有一番吉祥景象。盖喜则动善念，怒则动恶念。是故古语云："人生一善念，善虽未为而吉神已随之；人生一恶念，恶虽未为而凶神已随之。"

第二条，《大学》《中庸》俱以慎独为训，是为圣第一要节。后人广其说，曰："不欺暗室。"所谓暗室有二义焉：一在私居独处之时，一在心曲隐微之地。夫私居独处，则人不及见；心曲隐微，则人不及知。惟君子谓此时，指视必严也，战战栗栗，兢兢业业，不动而敬，不言而信，斯诚不愧于屋漏，而为正人也夫！

第三条，朕从不敢轻量人，谓其无知。凡人各有识见。常与诸大臣言，但有所知、所见，即以奏闻，言合乎理，朕即嘉纳。

第四条，凡人于无事之时，常如有事而防范其未然，则自然事不生。若有事之时，却如无事，以定其虑，则其事亦自然消失矣。古人云："心欲小而胆欲大。"遇事当如此处也。

第五条，节饮食，慎起居，实却病之良方。

第六条，凡人孰能无过？但人有过，多不自任为过。朕则不然。于闲言中偶有遗忘而误怪他人者，必自任其过，而曰："此朕之误也。"惟其如此，使令人等竟至为所感动而自觉不安者有之。大凡能自任过者，大人居多也。

第七条，凡人于事务之来，无论大小，必审之又审，方无遗虑。

第八条，世人皆好逸而恶劳，朕心则谓人恒劳而知逸。若安于逸则不唯不知逸，而遇劳即不能堪矣。故《易》有云："天行健，君子以自强不息。"由是观之，圣人以劳为福，以逸为祸矣。

趣事有感

什么是"贵族教育"？当今许多人的理解是，花大价钱，送儿孙到所谓的"贵族学校"去读书，或者花大钱送到国外

去读书。这些，也不能说不对。但是，纵观清朝对皇室子孙的读书要求和康熙家训，那可能才是真正的"贵族教育"。

第一，皇室子孙，不是真正的贵族吗？岂是今天一些人成了暴发户后自视自封的那种贵族。

第二，更重要的是，清皇室的严格家训家教才真正算得上贵族教育。王安石说得好，贫者因书而富，富者因书而贵。很多人，都是富而不贵。没有好的家风、家教、家训，有再多的钱，将孩子送到再好的学校去，可能也不算真正的"贵族教育"。

上述的康熙八大家训，才是真正的贵族教育。虽然两三百年过去了，今天仍然有很强的借鉴意义。

真是个：

康熙重家教，皇子尊师教。庭训格言好，百姓同此道。

50. 林父教子须制怒

林则徐小时候做事有些毛毛糙糙，小小年纪性格就比较急，甚至有些暴躁，还经常与邻居小朋友发生一些矛盾。

林则徐的父亲林宾日，嘉庆侯官岁贡生，是当地的教书先生，他特别喜爱林则徐，望子成龙的心情也是有的。他看到儿子的这种暴躁性格，很不安，认为这个毛病对孩子长大后做人、做事都很不利。

有一次，小林则徐问父亲，为什么给我取林则徐这个名字？父亲说，"林"是我们的祖姓。"则徐"的"徐"就是缓慢的意思。就是说，你今后做事不要急躁。小林则徐点点头，似乎懂了一点。

有一次，林父把儿子林则徐叫到跟前，给他讲了一个"急性判官"的故事：

从前有一个判官，非常孝顺父母，所以，每遇不孝的罪犯，就判得特别严。一天，有两个人扭来一个年轻人，他们对判官说："这是一个不孝之子，他不仅骂他娘，还动手打他娘。我们把他捆了起来，他还是不停地骂，我们就堵了他的嘴。老爷，像这样大逆不道的后生该不该罚？"判官一听是个不孝之子，立刻火冒三丈，就大喊道："来人呀，给我重重地打这个不孝之子五十大板。"这个年轻人因为被堵着嘴，有

口莫辩，只好挨了五十大板，屁股被打得血肉模糊。这时，有一个老婆婆拄着拐杖急匆匆地进来，边哭边焦急地说："求大人救救我们！刚才有两个盗贼溜进我家后院，想偷我家的牛，我儿子捉住他们，要送官府。可是，两个盗贼反把我儿子捆走，不知弄到哪里去了，求大人赶紧替我找找儿子。我只有这一个孝顺的好儿子啊！"

那位判官一听，心中禁不住忐忑不安起来。心想，莫非刚才那是恶人先告状，刚才打的就是老婆婆的儿子吗？判官赶忙叫人找那两个捆人的人，但是，那两个人早就溜得不见踪影了。这时，被错打的年轻人突然呻吟了一声，老婆婆循声一看，那不是自己的儿子吗？怎么被打成这副模样了？心里一急，就晕倒在地，再也起不来了。

林则徐听了这个故事，立刻明白了其中的意义，就说："父亲，您放心，我一定克服我的急躁脾气。"

后来，林则徐在书房、卧室都挂上了两个字"制怒"。

林则徐后来成了清朝著名的清官，他的虎门销烟传为美谈，被载入史册！

趣事有感

林则徐，福建侯官县人，是清朝时期的政治家、思想家和诗人。官至一品，曾任湖广总督、陕甘总督和云贵总督，

两次受命钦差大臣；因其主张严禁鸦片，在中国有"民族英雄"之誉。

林则徐放眼世界，主张开放，他详细分析外国的政治、法律、军事、经济、文化等方面的情况，认为只有向西方国家学习才能抵御外国的侵略。

林则徐也是最早把《国际法》引进中国的人，他是中国近代国际法学的开山者。他治理水利，安定陕西，防卫新疆，广州禁烟，喜爱藏书。实干加智慧，贯穿林则徐为官从政，甚至人生的全过程。

清宣宗道光十九年（1839年），林则徐作为钦差大臣到广州禁烟时，英、德、美、俄等国的领事为了奚落中国官员，特备了西餐"招待"林则徐，企图看到林则徐吃冰激凌时的丑态，用心险恶。事后，林则徐也设丰盛筵席"回敬"这些领事先生。几道凉菜过后，端上了一盘菜，其颜色暗灰而发亮，深褐又光滑，似两条鱼颠卧其中，不冒热气，犹如冷菜。一位外国领事拿起汤匙舀了一勺，往嘴里一送，烫得两眼发直，吐都来不及；又听到"吱"的一声，只见另一位领事的嘴唇也被烫出了一圈红红的"花边"，其他客人都惊呆了。这时，林则徐漫不经心地站起来介绍说："这是中国福建的名菜，叫作太极芋泥。"从此，该菜名噪远近。

我很喜欢林则徐的一首诗《赴戍登程口占示家人》：

力微任重久神疲，再竭衰庸定不支。

苟利国家生死以，岂因祸福避趋之！

谪居正是君恩厚，养拙刚于戍卒宜。

戏与山妻谈故事，试吟断送老头皮。

尤其喜欢该诗中的名句："苟利国家生死以，岂因祸福避趋之！"

真是个：

则徐销烟真英豪，智慧实干政声好。才高博学一清官，名诗名句不急躁！

作者出版的其他作品

《从责任走向优秀》

51. 曾国藩浪子回头

有人说，清朝名臣曾国藩小时候是一位"浪子"，身上有一堆坏习惯：爱抽烟，爱挑衅女生，脾气暴躁，常与人发生争执，喜欢聚集一帮朋友胡吃海喝，爱看热闹，经常去菜市口看砍头……

曾国藩是怎么变好的呢？

这与他父亲的教育很有关系。曾国藩的父亲叫曾麟书，读书读到了秀才，他舍得在读书方面为曾国藩投资！

曾国藩考进士时，连考两次都没有中，考完回家时没有盘缠了，就向父亲的一个老朋友借钱。这个人非常慷慨，借给他100两银子。曾国藩高兴万分，在回家的路上，走进书店，看到一套"二十三史"，他爱不释手，这套书正好100两银子，他就花光所有钱买了这套书。

可是，曾国藩快到家时有些心慌了：两次"高考"都没考上，家里不富裕还私自借了一笔巨款，欠下了巨额债务。到了家里，他硬着头皮向父亲说了整件事情的经过，父亲听完后只说了一句话："借钱买书是好事儿，这个钱我替你还，但是你不要忘了借钱买书的初衷，一定要好好研读。"父亲对他落榜的事只字未提，说完就走了。

曾国藩对父亲的这句话大为感动，他发誓：一定要改正

过去的许多缺点，一定要好好读书，一定要考上进士，否则，自己就是一个大不孝的人。

趣事有感

曾国藩是晚清中兴的四大名臣之一，他在成长过程中得到了父亲很好的教导。一是教他好好读书，而且读书要专注；二是教他注重修身，让他为官务必节欲、节劳、节饮食，谨言慎行。

这些方面，曾国藩后来都做到了，而且做得很好。更重要的是，他把父亲的教育理念进行了扩展，不仅在自己的成长过程中发挥了重大作用，而且在教育他的后代方面也发挥了很大的作用。

曾国藩有个坚持了一生的习惯——写日记。

曾国藩从 31 岁起，每天写日记，从起床到睡觉，以圣人的标准要求自己，检查自己的一举一动，记录自己成长中的各种糗事、不足，有了错就深刻剖析，在曾国藩家书中，随处能看到这样的字眼，"未能改得一过""从前种种譬如昨日死""忽忽已过十日"……

他不只记录下来自己看，还邀请亲友们点评，把自己的缺点和改正缺点的过程，完全暴露在众人眼前，让大伙儿一起监督他。

从这个角度来说，曾国藩的日记比卢梭的《忏悔录》意义更甚。

曾国藩凭借这种自省的功夫，改正了坏习惯，也不再暴躁了……他的缺点一点点消失，更难能可贵的是，终其一生，他只因重病中断过两个多月，直到去世前一天，他依然在写日记。

梁启超曾经盛赞曾国藩的恒心，说曾文正在军中，每日必读书数页，写日记数条。

在曾国藩的日记中，也能看到父亲对他教育的痕迹。

真是个：

浪子回头金不换，父亲教子成大贤。国藩读书多专注，日记坚持好习惯。

作者出版的其他作品

《育子三件宝：言传、身教、环境好》

52. 罗贯中趣写"三国"

罗贯中写《三国演义》时,因他全神贯注,相传闹出不少笑话。

一天,罗贯中的家里人都出去了,他一人专心致志地写作。一个乞丐来讨饭吃,说道:"秀才行行好吧,小人已经断粮几天了。"这时,他正写到"群英会蒋干中计"中周瑜领蒋干察看后营粮草一段,听说"断粮",头也没抬,口中喃喃念道:"营中粮草堆积如山,即可取之!"说完,仍只顾埋头写书。乞丐听他说后,便毫无顾忌地拿了些米走了。

一盗贼也趁火打劫,进屋把米粮全部盗走。妻子回家发现后,着急地说:"家里没吃的了,你到底管不管啊?"恰巧此时他刚写完"出陇上诸葛装神",听妻子说"没吃的了",不禁搁笔哈哈大笑起来:"陇上麦熟,何不食之?"其时,麦子还未吐穗,妻子只好借些米粮度日。

趣事有感

看了这个故事,我觉得罗贯中是一个傻傻的人,简直不可理喻。其实,这也是许多作家的通病:当灵感来时,会专心致志到旁若无人,会忘记一切,忘记家庭,甚至忘记自己,到了"忘我""无我"的境界,所以,看起来傻乎乎的。其实,罗贯中很聪明,要不,怎么会写出不朽名著《三国演义》呢!

罗贯中的聪明，有故事为证：

据说，有一天有人拿着一个玉手镯来当钱，这个玉手镯做得很精致，所以来人一开口就是 100 两银子，当时店铺老板没看出有什么问题，讨价还价后竟然用 50 两银子成交。后来经过检查发现上当了，这个镯子根本不值钱，所以这个损失应该由店铺老板负责。但罗贯中的父亲为人忠厚，不忍心让这个为自己打工的老板承担，当两个人都没有办法时，在场的罗贯中对父亲说自己有办法让那个人把 50 两银子退回来。

第二天，罗贯中的父亲和老板召集了镇上的人向他们炫耀自己用 50 两银子收了一件价值连城的宝贝，许多人听说价值连城就都来看这件宝贝。

罗贯中和那些收藏名家串通好了，每个将玉手镯拿到手里查看的名人都连连称好，因此围观的人越来越多。罗贯中拿着手镯在众人面前一一展示，结果在递给掌柜的时候失手将玉手镯掉在了地上。价值连城的宝贝四分五裂，人人都很惋惜，没过多久这件事就在镇上传开来。第二天，那个人就拿着 50 两银子来赎回玉镯子。当时的规矩是，若当铺拿不出被当的物件，要赔给来典当的人双倍的价钱。那人正得意的时候，老板却原封不动地将手镯拿了出来（原来当众打碎的只是一个替代品）。50 两银子成功被追回，这全靠罗贯中的主意。

真是个：

贯中写书似成痴，柴米油盐全不知。写就名著传天下，大智若愚有人识！

53. 施耐庵以诗收徒

坊间一直有传闻，施耐庵和罗贯中是师生关系。这一说法也可见清人胡应麟的《少室山房笔丛》。后来，许多人提出质疑。正史中也找不到更多的依据。下面这个传说，权当故事一听了之。

一天，有个姓罗的商人，因仰慕施耐庵的情操和才学，特地从家乡山西太原将儿子带来投师求教。施耐庵有一个怪脾气，他接收学生的要求十分严格，绝不是有钱就来者不拒。对每个要求入学的少年儿童，他总要考察一番，以定取舍。

那天，施耐庵打量了一下那个少年，见他约有14岁模样，生得眉清目秀，言谈举止彬彬有礼，已有三分欢喜。可心里思忖着，不知他肚里有没有货，便口吟一首词作为考题，叫他回答。此词是这样的：

"云落不因夫雨，吹残岂藉东风。结成一朵自然红，费尽功夫怎种？有蕊难藏粉蝶，生花不惹游蜂。夜阑人静画堂中，曾伴玉人春梦。"

罗贯中听罢，微微一笑，他从小熟读唐诗宋词，此词的词意岂能不知？他本想径直说出这是首咏物诗，但又怕施老先生怪他过于锋芒外露，话到嘴边又吞回，拱拱手，转口笑道："尊敬的老师，学生也献上一两句词，就以此作为答案，望先生裁决。"

罗贯中说完，朗声吟咏道："白蛇游过清水塘，一朵莲花开岸上。"

施耐庵一听，连连喝彩："好好好，孺子不可欺，孺子大可教！"

他俩这么诗来词往，说话十分投机，倒把被冷落在一旁的罗父搞得呆若木鸡，他惊疑地询问儿子："中儿，你们在搞什么名堂啊？"罗贯中只得答道："施先生考我一个词谜，叫我说出谜底。"

"什么谜底呢？"罗父问。

"我作了两句诗，暗指了那东西。"罗贯中朝画堂书案上那盏搁放着白色灯芯草的油碟一指。

"油灯？"罗父更为惊疑了。施耐庵朗声大笑，连声说："令郎聪颖非凡，灵巧绝伦，我决定收下他做我的徒弟。"

经过数十年的努力，罗贯中也成了一位文坛大家，像他的老师写出《水浒传》一样，写出了名垂千古的《三国演义》。

这只是民间的传说，姑妄听之。

趣事有感 ━━━━━━━━━━━━━

施耐庵，江苏兴化人，13岁入私塾，19岁中秀才，29岁中举人，36岁中进士。为官时他的政见与当局者不合，于

是返回祖籍苏州。在祝塘镇教书。嘉靖间出版郭勋刻本的《忠义水浒传》20卷100回本、明神宗万历四十二年（1614年）袁无涯刊《忠义水浒全传》120回本，署名是"施耐庵集撰、罗贯中纂修"。

中国四大名著之一的《水浒传》，是我从小就喜欢看的书，108位好汉的名字我全部都记得，但是，我一直在想，施耐庵写《水浒传》，他自己会武功吗？据民间传闻，施耐庵的武功十分了得，有故事为证：

故事一：

明朝初年的一天，施耐庵在一座茶山上游玩，正遇见一个恶霸在抢夺农夫的茶园。他十分气愤，赶上前阻止。

恶霸见来人理直气壮，只好偷偷地溜了。

可是，事后，恶霸打听到来人的住处后，便花钱雇了一帮打手，围住施耐庵的居所。

施耐庵见此情景，只是微微一笑，便泰然自若地迈出了门。打手见他赤手空拳，便一哄而上。其中一个黑脸大汉，手举铁棒挟着风声朝施耐庵的头顶劈来。施耐庵侧身摆头，一个"顺风扯旗"，让过了棒锋，双手抓住了铁棒，同时飞起右脚，正好踢在大汉的小腹上，那家伙便滚出一丈多远。施耐庵舞起夺来的铁棒，一阵旋风般地横扫，吓得那帮家伙四处逃窜。

故事二：

有一年元宵节，施耐庵上街观花灯。忽然看见一个恶少在街尾侮辱一名妇女。他怒火顿起，用右手将那家伙提起，尔后像摔死狗一样将他摔在地上。恶少吓得连连磕头求饶，施耐庵这才饶了他。谁知第二天，那家伙纠集了七八个无赖前来报复。施耐庵不慌不忙地找来一根粗绳，让无赖们用绳子拴住他的双腿，然后叫他们用力拉。可是，尽管他们一个个累得脸红脖子粗，施耐庵的双脚像生了根一样，纹丝不动。接着，他取出铁棒，一记"乌龙摆尾"，便将身旁的一棵大杨树"咔嚓"一声打断。无赖们见他有如此功力，才知道遇上了高手，个个叩头认输了。

有一个传说：《水浒传》成书后，很快被传抄到社会上，人人争相阅读，朱元璋看到此书后，认定此人有逆反之心，便将其抓到狱中。施耐庵因文字被捕入狱，后来刘伯温出谋划策，他告诉施耐庵："此书写了宋江一伙人起义造反的故事，犯了统治者的禁忌。要是能把宋江等人写成接受招安，就有可能得到宽恕。"于是，施耐庵便在大牢中，将《水浒传》续写下去，又写了宋江等人接受招安，归顺朝廷。用了一年的时间，他才把这部书后50回续写完成。最后，将书呈给朱元璋阅览之后，施耐庵才被释放出狱。

1370年，施耐庵出狱之后病情日益加重，最终与世长辞，终年75岁。

这也是一个传说。

真是个：

施耐庵写《水浒传》，武功高深斗恶顽。附体水浒众英雄，义薄云天诸好汉。

54. 吴承恩游水帘洞

相传吴承恩十分喜欢水帘洞，夏天常到那里写作。洞内既幽静又清凉，洞壁泉水细流，晶莹耀眼，好像珍珠帘子一般。洞中有口小井，井水又凉又甜，吴承恩写作疲劳了，就用它洗把脸，抖擞精神。

一天，他备了几样酒菜，带着笔砚、书案和两部书稿，来到水帘洞，准备将《西游记》和《禹鼎志》两部书再润色一番。

这时，有个老猴精带着一群小猴，跑到水帘洞，猴子们一个个跳树攀枝，摘花摘果，抛石子，扔果壳，砌宝塔，刨沙窝，赶蜻蜓，追飞蛾，捉虱子，搔脑勺，挨的挨，磨的磨，压的压，扯的扯，玩得好不欢乐！吴承恩越看越高兴，大腿一拍，连声叫好，提起笔来，唰唰唰，把众猴嬉闹的情景，活灵活现地写进了《西游记》。

在外面玩耍的几个小猴，趁吴承恩在洞内酒醉熟睡时，把两部书稿偷出来交给老猴精看。

老猴精打开《西游记》一看，哈哈大笑，众猴都围上来争着看。老猴精说："太好了，这老头把咱大王说成美猴王、齐天大圣，众妖魔都怕他，连王母娘娘都办他不得，咱们脸上多有光彩啊！"

众猴一看神话故事《禹鼎志》，不喜欢，把这本书和笔砚一起扔掉，留下《西游记》端端正正摆在案上，然后纷纷逃走，好让吴承恩独传《西游记》于天下。

为了使吴承恩永远找不到他的笔砚、书稿，老猴精带着那群小猴跑啊，跑啊，一气翻越了49个山头，来到高公岛的大海边。老猴精一声令下，众猴把手里的东西往山下一抛。只听呼啦啦一声响，画屏落在海滩上，化作一座锦绣的青山，毛笔化作一座文笔峰，笔架滚在山沟里化作一块笔架石，《禹鼎志》搁在半山腰，化作巨石"万卷书"。

从此，《禹鼎记》变成了石头，只有书的样子了，谁也没看过，就失传了。吴承恩的砚台呢？只因拿砚台的小猴贪玩偷懒，刚出水帘洞不远，就把它扔在花果山腰"八戒石"旁，变成了一块"仙砚石"了。

据说，今天在文笔峰还能看到这些东西。

趣事有感

我国四大名著之一《西游记》的作者、明代小说家吴承恩，是江苏淮安府山阳县河下人。

清代学者吴玉搢在《山阳志遗》中介绍吴承恩，认为他是《西游记》的作者。

吴承恩自幼敏慧，博览群书，尤喜爱神话故事。在科举中屡遭挫折，嘉靖时补贡生。明世宗嘉靖四十五年（1566年）

任浙江长兴县丞。由于宦途困顿，晚年绝意仕进，闭门著书。

吴承恩小时候家里很穷，常常连买纸张的钱也挤不出来。

吴承恩的父亲是位读书人，为了教孩子读书写字，可没少花心思。有一天，他从湖边经过，发现一堆被农民扔掉的蒲根，便拾了几根带回家，先洗净，晒干，然后再剥开，铺平，叫吴承恩在上面写字。吴承恩不高兴地说："在蒲根上写字，多难受啊！"

父亲见吴承恩不想动笔，便心平气和地说："我多次给你讲过宋代文学家欧阳修的母亲'画荻教子'的故事，还有抗金英雄岳飞，小时候也是用树枝在沙上练字的。现在，你能用笔墨在蒲根上写字，难道不该知足吗？"

听了父亲的话，吴承恩当即惭愧地承认了错误。从此，他一有空就从湖边抱回一堆蒲根，学着父亲的办法整理好，然后在根片上一笔一画地写。吴承恩通过勤学苦练，不但把字练得很好，而且能写出好文章。

真是个：

西游记中梦西游，水帘洞中见诸猴。蒲根之上勤练字，承恩名著誉全球。

55. 曹雪芹"佩刀质酒"

清高宗乾隆二十七年（1762年）秋末，曹雪芹从山村来北京城探访敦敏。由于心事繁重，一晚上都没睡好，很早就起床了。

偏偏那天天气变了，从夜里就下起了冷雨，寒气逼人。曹雪芹衣裳单薄，肚里无食，冻得他瑟瑟发抖。嗜酒如命的他，这时候什么也不想要，只想喝一斤热酒。但时间尚早，主人家这时都还在梦乡。

苦闷之际，不料有个人披衣戴笠而至，一看竟是好友敦诚！

敦诚大概也是在这个天气里难以排遣，就凌晨冒雨来找哥哥敦敏。看到曹雪芹，敦诚惊喜不已。他们没讲几句话，就互相传达心意，一同悄悄地到附近的小酒店买酒自饮去了。

曹雪芹几杯热酒落肚，精神焕发，高谈阔论起来。酒喝完了，两人一摸口袋，囊中空空。于是，敦诚解下佩刀说："这把刀虽然明似秋霜，如果把它变卖了，还买不了一头牛；拿它临阵杀敌，又没有咱们的份儿，还不如将它抵押，买点酒润润我们的嗓子。"曹雪芹听了连说"痛快"！

之后，敦诚作了一首《佩刀质酒歌》，记录下了这段偶遇。

曹雪芹嗜酒健谈，性情高傲，他卖画挣的钱，除了维持

一家"食粥"以外，就是买酒喝，或者还酒债。最终因为抑郁情绪难以排解，一醉方休，傲世而终。

趣事有感

曹雪芹，是中国四大名著之一《红楼梦》的作者，江宁织造曹寅之孙。

曹雪芹工诗善画，早负盛名，朝中巨室，多有求购，他虽贫困，然非其人，即使重酬也不应。

吏部侍郎董邦达对他颇为欣赏，聚会时即席为曹雪芹的《南鹞北鸢考工志》题签，后又为此书写序，据说他曾推荐曹雪芹到画苑供职，即为皇家作画。但曹雪芹以自己"有志归完璞""潇洒做顽仙"来拒绝，依旧写他的《红楼梦》，真是"贫病交加著红楼"。

正是由于曹雪芹亲历了曹家由盛转衰的巨大变故，以及晚年的种种坎坷，他才深感世态炎凉，对封建社会有了更清醒、更深刻的认识。

他蔑视权贵，远离官场，过着一贫如洗的艰难日子。

晚年，曹雪芹移居北京西郊，生活更加困苦，"满径蓬蒿""举家食粥"。他以忧愤婉转的情怀、坚忍不拔的毅力，专心致志地从事《红楼梦》的写作和修订工作。

清高宗乾隆二十八年（1763年），曹雪芹幼子夭折，他陷于极度的悲痛之中，卧床不起。到了这一年的除夕，曹雪芹终因贫病无医而逝，享年不到48岁。

看周汝昌先生怎么评价《红楼梦》：

"《红楼梦》是中华民族历史上一部古往今来绝无仅有的'文化小说'，是我们中华传统文化最具代表性的作品，是我们中华文化史上的一部最伟大的著作。虽然，曹雪芹只写了一个家庭，一个家族的兴衰荣辱、悲欢离合，实际上却反映了中华传统文化万紫千红的大观与奇境。"

我特别喜欢《红楼梦》第五回中的一副对联："世事洞明皆学问，人情练达即文章。"它是永恒的"警世箴言"、大智慧！

真是个：

善画深得皇室爱，尤喜杯中醉开怀。平生写作红楼梦，雪芹华夏一巨才。

56. 蒲松龄船上对诗

一日，聊斋先生蒲松龄乘渡船外出，同船的除了船夫之外，还有四位乘客：衣冠楚楚的朝廷官员、妙龄卖花女、身背锯斧的木匠和衣衫褴褛的拾粪老农。

船到河心，官员自恃满腹才学，便对大家说："冒昧地请诸位各依本人身份，用三字同头、三字同旁，对一首七绝，首尾相融贯连锁。"说着，他先开了腔："三字同头官宦家，三字同旁绫缎纱。若非朝廷官宦家，谁人能穿绫缎纱？"

木匠师傅手扶斧箱，略加思索吟道："三字同头庙廊库，三字同旁檩椽柱。如果要修庙廊库，怎能离了檩椽柱？"

卖花女一亮双眸，快言快语："三字同头芙蓉花，三字同旁姑娘娃。若非妙龄姑娘娃，谁人敢戴芙蓉花？"

船夫手不停篙，笑着吟出一诗："三字同头大丈夫，三字同旁江海湖。不是男子大丈夫，何人能识江海湖？"

蒲松龄憎恨世道黑暗，同情百姓疾苦，随口吟道："三字同头哭骂咒，三字同旁狼狐狗。山野声声哭骂咒，只因当道狼狐狗！"

轮到拾粪老农了，只见他不慌不忙，从容吟道："三字同旁稻秫稷，三字同头屎尿屁。牲畜吃了稻秫稷，当众排出屎尿屁。"

官员本想炫耀一番自己的官职与文才，不料今日遇到的几位看似卑微，却均非等闲之辈。于是灰溜溜地不再言语了。

趣事有感

蒲松龄，世称聊斋先生，山东省淄博人。

蒲松龄出生于一个逐渐败落的中小地主兼商人家庭。19岁应童子试，接连考取县、府、道三个第一，名震一时。补博士弟子员。以后屡试不第，直至71岁时才成岁贡生。

蒲松龄在西铺村毕际友家做塾师，舌耕笔耘近42年。

他用毕生精力写成《聊斋志异》8卷、491篇，约40万字。《聊斋志异》的内容丰富多彩，故事多采自民间传说和野史轶闻，将花妖狐魅和幽冥世界的事物人格化、社会化，充分表达了作者的爱憎感情和美好理想，被誉为中国古代文言短篇小说中成就最高的作品集。

郭沫若曾这样评价："写鬼写妖高人一等，刺贪刺虐入骨三分。"

除《聊斋志异》外，蒲松龄还有大量诗文、戏剧、俚曲以及有关农业、医药方面的著述存世，总共近200万字。

据传蒲松龄"以茶换故事"是这样的：

在康熙初年一个盛夏的午后，一个30多岁的瘦汉子在淄川的蒲家庄大路口的大槐树下摆了一席凉茶摊，他就是蒲

松龄。他的茶摊不以营利为目的，而是以茶换故事，只要讲了故事，喝茶不收分文。于是，此例传开后，有真的喝茶讲故事的，有喝了茶胡编乱造的，有纯粹来蹭茶的，对此，蒲松龄照例分文不收茶钱。

这样一来，久而久之，他就积攒了很多故事素材，到清圣祖康熙十八年（1679 年），《聊斋志异》的初稿完成，后几经修改、润色，终于在蒲松龄晚年时完成了这部名著。

当然，蒲松龄"以茶换故事"也被传为美谈。

真是个：

聊斋之中鬼狐仙，幽冥世界人所变。野史轶闻多传说，茶水换来多名篇。

57. 姜太公所钓何鱼

有人向周文王姬昌推荐，说是有一个叫姜子牙（姜尚）的人，是一个大贤人，有本事，在渭水河边用直钩钓鱼，愿者上钩。

周文王信之，很高兴，亲自坐辇到渭水河边，请姜子牙到朝里管理国家大事。

姜子牙问周文王："大王请我，怎样进京？"

周文王说："骑马、坐轿，随你挑。"

姜子牙说："我一不骑马，二不坐轿，大王的辇得让给我坐。"

文官武将吓了一跳，周文王却没有犹豫就答应了。

姜子牙又出了难题："我坐辇，还得大王亲自拉着。"

文官武将更是吓了一跳，周文王又没有犹豫就答应了。

姜子牙坐上辇，周文王拉着，一步一步地走。拉了一气，停下来歇脚。看那姜子牙，却在辇里睡着了！

周文王歇了一阵，再拉一气，又拉不动了；再歇了一阵，再拉。拉了三气，歇了三气，累得汗如雨下，气儿都喘不上来了，只好对姜子牙说："我实在拉不动了！"

姜子牙睁开眼睛，下了辇问："大王拉我走了多少步？"

周文王说："我没数。"

姜子牙说："我可是数了的，大王拉我走了791步，我保大王和大王的子孙坐791年的天下。"

周文王一听，后悔了，连忙说："你快上辇，我再拉您多走走。"

姜子牙摇头说："晚了，不行喽！"

周文王回到京里，封姜子牙当军师，领兵打殷纣王。

周文王死后，姜子牙又保周文王的儿子周武王，打败殷纣王，得了天下。周朝后来真的就是791[1]年。

趣事有感

姜子牙是一位满腹韬略的政治家、军事家，被誉为兵家之祖，他所著的《六韬》，又称为《太公六韬》《太公兵法》《素书》，是一部集先秦军事思想之大成的军事著作，对后代的军事思想有很大的影响。司马迁在《史记》中说后世之言兵及周之阴权，皆宗太公为本谋。

由于姜子牙卓越的政治、军事才能，此后姜子牙一直受到历代统治者的推崇，被誉为武圣。739年，唐玄宗下诏追封姜子牙为武成王；宋朝时姜子牙所著的《六韬》被列入《武经七书》，他本人被追封为昭烈武成王。在武庙中，更是以姜子牙为首。

在元明时期，姜子牙逐渐被神化。明万历年间，道士许

1　作者注：周朝持续时间有790年、791年、825年、868年等多种说法。

仲琳创作《封神演义》，从此，姜子牙由人变成了神，"姜太公在此，诸神退位；姜太公在此，百无禁忌"，在民间广为流传。

在前面这则故事中，有神化的成分，比如拉车791步，就有791年天下？这显然是封建迷信的东西。

但从这个故事中我们得到了一些启发，它有传统文化的智慧。

第一，周文王真是礼贤下士，求贤若渴，要获得真正的人才，必须如此。如同现在，你要想得到真正的人才，就要尊重知识、尊重人才，还要给人才以用武之地。

第二，姜子牙的确有治国理政的大才能，比如，他为周朝制订了法律，制订了规则，形成了周礼，让周朝能够持续稳定地发展。

真是个：

姜尚直钩能钓鱼，钓得军师周朝去。文王礼贤又下士，拉辇只因唯才举。

58. 纵横鼻祖鬼谷子

鬼谷子是纵横家的鼻祖，在他众多的弟子中，唯孙膑、庞涓、苏秦、张仪四人闻名于世。

有一天，鬼谷子想测试一下徒弟们的机智与应变能力，他坐在屋里，跟徒弟庞涓、孙膑说："谁把我从屋里动员到屋外，谁的成绩就及格。"

一会儿，庞涓装作惊慌失措的样子跑进屋，说："启禀师傅，元始天尊到，请您接驾。"鬼谷子无动于衷。

庞涓第二次跑进来，连鞋都掉了一只，上气不接下气地说："师傅，九天玄女来了，正在外面等您。"鬼谷子身子动了动，并没有起来。

庞涓不死心，第三次进来，急急忙忙，摔倒在地，磕断了两颗门牙，结结巴巴地说："不好啦，苏师弟跟张师弟打架，张师弟把苏师弟打死了。"鬼谷子站起来，看了看他，还是没有出去。

轮到孙膑，孙膑一进来就说："师傅，我不行。"鬼谷子感觉有些奇怪。

孙膑说："您老人家能知五百年过去、五百年未来，我怎么骗得了您？"鬼谷子听罢，有些飘飘然。

孙膑接着说："要是您老人家在屋外，我倒有办法把您骗进来。因为外面的事是有天数的，您可以算出来；而屋里的事，是没有天数的，您出去后就算不出来了。"

鬼谷子不信邪，让人把自己连人带椅子抬到外面。孙膑见师傅出来，大笑说："我已把师傅叫出来了，及格了！"

通过上述简单的测试，鬼谷子明白，孙膑的才华远在庞涓之上。

趣事有感

鬼谷子，姓王名诩，又名王禅，春秋时卫国朝歌人。常入云梦山采药修道，因隐居周阳城清溪之鬼谷，故自称鬼谷先生。"王禅老祖"是后人对鬼谷子的称呼，他也是先秦诸子之一。

鬼谷子为纵横家之鼻祖。据传，他通天地，兼顾数家学问，人不能及。一是神学，日星象纬，占卜八卦，预算世故，十分精确；二是兵学，六韬三略，变化无穷，布阵行军，鬼神莫测；三是游学，广记多闻，明理审势，出口成章，万人难当；四是出世学，修身养性，祛病延寿，学究精深。

《鬼谷子》一书是其后学者根据其言论整理而成，被完整地保留在道家的经典《道藏》中。《鬼谷子》内容十分丰富，涉及政治、军事、外交等领域，主要讲述有关谋略的理论。鬼谷子曾任楚国宰相，后归隐卫国授徒。道教认为鬼谷子为

"古之真仙"，曾在人间活了百余岁，而后不知去向。

虽然对鬼谷子的传说有些神化，但他的确是一位纵横家，他的弟子孙膑后来也是军事天才，足见鬼谷子的本事绝非虚言。

真是个：

纵横鼻祖鬼谷子，先秦诸子有其位。师高弟子人人强，归隐授徒逾百岁。

作者出版的其他作品

《让生活爱我》

59. 孙武智训众美女

吴王阖闾登基后，致力于将吴国发展壮大，他用人不拘一格，不管你曾经是哪个国家的人，只要你有才能，还忠于吴国，他便放心地用你。

孙武是齐国人，以兵法见长，阖闾有心想要考验孙武，便对孙武说："你写的十三篇兵法我全都看了，只不过写出来的都是虚的，可以现场试一试那些阵法吗？"

孙武自然答应道："可以。"

可此时的阖闾给孙武出了一道难题，那就是让妇人来充当士兵，阖闾想看看孙武如何能让这些没有经验的妇人排兵列阵。

这一次孙武依然没有拒绝，回答："可以。"有了孙武的保证，阖闾秉持就近原则，发动了宫中近百名美女。孙武把这群美女分成两队，然后请求吴王阖闾，让他最宠爱的两名妃子分别担任两个队的队长，阖闾欣然同意。

就这样，孙武就站在最前方，他命令美女们每人都拿着戟，并对这些美女说："我先给你们解说一下口令对应的动作，听到口令必须立刻执行！知道你们的心、背、左右手吗？我说向前，你们就看心所对的方向，后退便看背对的方向，向左就看左手方向，向右就看右手方向。"

　　交代完这些基本的要求，孙武就开始正式操练了。他击鼓发布了一个向右的命令，美女们听了，很多都没有反应，有反应的也都大笑不止，觉得他很逗。孙武见此也不脸红，而是对着阖闾说了一句令阖闾脸色大变的话："士兵不听军令都是身为将领的罪过，我准备杀掉两位队长以正军法。"

　　阖闾连连求情道："我知道你的真本事了，不过这两位妃子可以不杀吗？后宫这么多美女，我最喜欢她们两个，要是离开了她们，那我吃饭都没有味道了！"

　　孙武说："臣既然接受任命当了将军，将在外，君令有所不受。"

　　最终，孙武杀了阖闾的两个宠妃，并在剩下的人当中找了两个替补队长的人，重新击鼓喊出口令，这一次美女们都不敢懈怠，老老实实听从指挥了。

趣事有感

　　孙武，齐国人，人称孙子、孙武子、兵圣，军事家、政治家，百世兵家之师、东方兵学之鼻祖。

　　孙武西破强楚，北威齐晋，显名诸侯，著《孙子兵法》，成为兵家之祖，为后世兵法家所推崇。《孙子兵法》被誉为"兵学圣典"，置于《武经七书》之首，被译为英文、法文、德文、日文，成为著名的兵学典范。

　　孙武的祖父孙书和父亲孙凭都是武将，他从小便受到将门家庭的熏陶。他自幼聪慧睿智，机敏过人，勤奋好学，善于思考，富有洞见，而且特别尚武。每当孙书、孙凭自朝中回到家里，孙武总缠着他们，让他们讲战争方面的故事，百听不厌。

　　孙武还有一个最大的爱好就是看书，尤其是兵书。孙家是一个祖祖辈辈都精通军事的贵族世家，家中收藏的兵书非常多。《黄帝兵书》《太公兵法》《风后握奇经》《易经卜兵》《军志》《军政》《军礼》《令典》《周书》《老子兵录》《尚书兵纪》《管子兵法》及上自黄帝、夏、商、周，下到春秋早、中期有关战争的许多竹简，塞满了阁楼。孙武喜欢爬上阁楼，把写满字的竹简拿下来翻看，有不明白的问题就请教家聘的老师，甚至直接找祖父、父亲问个明白。

　　孙武的尚武精神在学习和训练中得到了充分体现，他对"射"和"御"投入了比其他学生多数倍的努力。孙武刻苦练习，甚至到了废寝忘食的地步。很快，孙武就成了掌握这两项技能的同辈贵族少年中的佼佼者。

　　我特别喜欢孙武的"不战而屈人之兵"。《孙子兵法》的中心思想，实质是"不战"，而不是"战"。

　　真是个：

　　孙武兵圣军事家，孙子打仗讲兵法。不战乃是高境界，尚武精神全在它！

60. 孙膑请大王上山

　　孙膑刚从魏国来到齐国时，齐威王十分高兴。他早就从田忌那里听说孙膑精通兵法，有智有谋，是个难得的人才，不过齐威王还没有亲身领教过，很想找个机会试一试。

　　有一天，齐威王由田忌和其他几个大臣陪同，与孙膑一起来到一个山脚下。齐威王对周围的人说："你们谁有办法让我自己走到这座小山顶上去。"

　　面对这道古怪的题目，过了一会儿，田忌说："现在正叶落草黄，在周围点起一把大火，陛下就得往山上走。"

　　"这是火攻，"齐威王说，"也是一个办法，不过太笨了一点。"

　　"再就是用水淹。"一个大臣说。齐威王摇了摇头，没吭声。

　　"要引外国军队打进来，包围这座山，不怕陛下不上去。"一个大臣心里这么想，不过没敢说出口。大家想来想去，都说实在没有什么办法，能让陛下自己走上山。

　　这时，齐威王问一直沉默的孙膑："你有什么办法能让我走上山吗？"孙膑十分为难地说："陛下，我没有办法让您自己从山脚走到山顶上去。可是，您要在山顶上，我倒有办法让您自己走下来。"

"真的？"

"陛下不妨试一试。"

于是，齐威王由大臣们簇拥着，往山顶上走去。边走齐威王边琢磨："孙膑能用什么办法让我自愿走下来呢？"大家也都边走边想："孙膑能有什么妙法呢？"

到了山顶，孙膑谦虚地对齐威王说："陛下，请饶恕我的冒昧，我已经让您自己走到山顶上来了。"

这时，人们才明白中了孙膑的上山之计了。

趣事有感

作为鬼谷子最得意的门生，可以说孙膑得了鬼谷子的真传，加上他自己的天资聪慧和后天努力，成为一代军事家、纵横家。孙膑请大王上山的故事，与他请师傅鬼谷子出屋的故事相似，都是民间的传闻，但其大智慧可见一斑。

孙膑所著的《孙膑兵法》，继承了孙武的军事思想，总结了战国中期以前的战争经验，在战争观、军队建设和作战指导等方面都提出了有价值的观点和原则，受到中外学者的赞赏和重视。

孙膑和庞涓是鬼谷子的同门师兄弟，他们二人的爱恨情仇在民间、在正史、在野史中都广为流传。

庞涓和孙膑先后来到魏国，庞涓先到魏国做了将军，他

深知倘若任孙膑施展才华，其成就必在自己之上。于是，他不顾同门情谊，不念孙膑多次帮助他的恩情，对孙膑痛下杀手，暗地里对孙膑大肆陷害。而孙膑对庞涓却多次以德报怨，以诚相待。终于有一日，庞涓找到一个机会，捏造了孙膑私通齐国的罪名，将他处以膑刑和黥刑，想让他终生成为一个废人而无法施展才华。

孙膑在成为一个"废人"之后，忍辱负重，隐忍不发。终于有一日，齐国使者来到魏国，冒着风险把他藏到车里运送到了齐国。

公元前 353 年，历史上一大标志性的战役"桂陵之战"打响，孙膑、庞涓分别领导齐军和魏军，孙膑用了"三十六计"中的"围魏救赵"，大败庞涓。

在"围魏救赵"12 年后，孙膑用了"三十六计"中的"以逸待劳"，大败庞涓，并在马陵道设伏射死了庞涓。

司马迁曾说："古者富贵而名磨灭，不可胜记，唯倜傥非常之人称焉……孙子膑脚，《兵法》修列。"孙膑再有才能，最后被太史公赞美的还是他忍辱负重的性格。其实，这更是一种武德！

真是个：

孙膑庞涓本同门，武德性格不同人。围魏救赵好兵法，以逸待劳取大胜！

61. 张良拾履遇大贤

一天，张良正在下邳的一座桥上散步，见到一位老者，穿着一身褐色的衣服。这位老者来到张良面前时，故意把鞋子扔到桥下，回头对张良说："小子，你下去把我的鞋子拾上来！"

张良惊愕极了，念及他年纪大了，便忍气吞声地下去将鞋子取上来。老者又让张良给他穿鞋。张良便屈膝给他穿上。

老者穿上鞋子后便笑着离开了。

张良见此番情景又大为惊奇。老者走了大约一里路又返了回来，对张良说："你小子是栋梁之材。五天过后，天刚透亮的时候在此地等我。"张良对此甚为纳闷，但还是跪应道："好。"

五天后天刚一亮，张良便来到桥上，老者已经在那里等候了，他生气地说："怎么能来得这么晚？你回去吧，五天以后还是在天亮时来见我。"

又五天后，张良在鸡鸣时分便来到这里，但老者又已经等候在这里了，老者又发怒道："怎么又来晚了？你回去吧，五天以后再过来见我。"

再五天后，张良在夜半时分便到了这里。过了一会儿，老者也来了，他高兴地说："就应当这样。"说着他便取出

一部书，说："读了这些书，你便可以做帝王的老师。十年过后，天下将大变，十三年后，如果你想见我，便去找济北毂城山下的黄石，那便是我。"说完便不见了踪影。

张良天明时将这书打开一看，才知是《太公兵法》。

张良得兵书后感到惊奇，便常常将其取出诵读。张良多次给刘邦讲述《太公兵法》，刘邦十分高兴，便常常采纳他的计策。张良也常常对他人讲述《太公兵法》，但没有人能够领悟其中的真谛。于是张良便感叹道："沛公的悟性是上天赐予的啊！"张良从此便跟随刘邦，最终为刘邦创建汉朝立下大功。

趣事有感

张良拾履，是张良的大智慧，改变了张良的一生。

其实，许多人认为，张良最大的智慧还在于他的"归隐"！

公元前206年，刘邦打败了项羽并在汜水称帝时说了一段话："运筹帷幄之中，决胜千里之外，我不如张良；在后方安定国家，安抚百姓，给前方军队输送钱粮，我不如萧何；率领百万大军，攻城拔寨，战必胜，攻必克，我不如韩信。三人皆人杰，吾不如，但为我所用，这是我夺得天下的原因。"

张良最终帮助刘邦统一了天下，居功至伟。张良跟随刘邦数十年，知道刘邦生性多疑，可共患难，难共富贵。而且，以张良的智慧，他知道功高盖主的危险，于是，他谢绝了刘邦的封赏，拒绝了已经到手的万户侯位，隐居山林，才避免了韩信的杀身之祸，没有了萧何被疏远的凄凉晚景。

据说，张良的故居位于河南平顶山张店村，而今那个村有3 000多人，大多数是张良的后代，每年四月初十，张良的诞辰日，该村在留侯祠都要举行孩子的破蒙启智仪式，进行晨读"惜钱莫教子，护短莫从师"，都有为老人穿鞋的礼仪。这个村，自恢复高考以来，500多人考上了大学。张良的智慧之花继续盛开。

这真是：

楚汉相争论输赢，张良拾履有定论。运筹决胜建奇功，急流勇退归山林。

62.多多益善有奇闻

韩信出身凄惨，从小就失去了父母亲，寄人篱下，以打鱼为生。卑微的身份使他经常受到欺凌。最严重的一次，一群恶少想找点乐子，当众羞辱韩信，其中一个恶少对韩信说："看你身材高大，又喜欢佩剑，但胆子很小，有本事的话，你敢拿剑刺我吗？如果不敢，就从我胯下爬过去。"

韩信思前想后，知道与他硬碰硬也得不到什么好结果，只能忍辱从他胯下爬过，受到众人的耻笑。如果不受这次胯下之辱，那么后来那个最有故事的男人可能就不存在了。

还没成名的韩信，生活困苦，经常吃了上顿没下顿。一次，在河边洗衣服的老太看到韩信饿得不成样子，就分了点饭给他吃。饿坏了的韩信非常感激，痛哭涕零，就向老太说："将来我一定会好好报答您。"老太不轻信他的信口承诺，反而说："一个男人都不能自食其力，有什么用？"韩信听了极其惭愧，后来发奋图强，成名之后，果然找到了这位昔日的恩人，并重金酬谢。

趣事有感

被刘邦说到的"攻城拔寨，战必胜，攻必克"的韩信，当年萧何月下追韩信，被刘邦破格重用，传为美谈。韩信也不负重托，为刘邦建立大汉朝立下殊勋。韩信打仗常常不按常理出牌，"背水一战""置之死地而后生"等，都特别经典，显示出韩信的大智慧。

也正因为功高盖主，作为主帅的刘邦当然不放心，就曾试探过韩信，对韩信说："像我这样的人能统率多少人的军队啊？"

韩信说："大王，你能统领十万人。"

刘邦问道："那你呢？"

韩信回答说："我多多益善。"

听到这样回答的刘邦当然不开心！

后来，韩信见大王不高兴了，就解释"将统兵，帅统将"的道理。这个道理是对的，但是，谁也不知道是否消除了刘邦的担忧。有人认为，韩信被杀，有刘邦的意思，有吕后的主意，也有"成也萧何，败也萧何"之说。但是，许多人认为，韩信自己的原因更多。比如，有人认为他已经显露出"反叛之心"，刘、吕、萧等人应该是有所察觉的。

"如果"，历史是没有如果的。如果韩信学习一下张良的"归隐"，结果何如？许多聪明一世的人，往往会糊涂一时！

真是个：

每战必克胜敌军，聪明一世糊涂人。多多益善巧用兵，大智大慧保性命！

63. 诸葛亮智解三题

诸葛亮小时候曾跟随父亲一起去拜师，学文化，长知识，拜当时非常著名的水镜先生为师，让水镜先生教他礼仪、治国之道，以及一些当时非常流行的文化。

但是，并不是每个人都能拜水镜先生为师的，水镜先生要出一些题面试来者，合格者方能入门。

当时，水镜先生给诸葛亮出了三道题目，其中一题是：水镜先生对诸葛亮做了一个动作：

他把食指弯曲，然后伸到了诸葛亮的面前，又用手点了一点。诸葛亮当时恍然大悟，知道了他这个举动的意思。诸葛亮对水镜先生鞠了一个躬，然后，向后退了三步，对水镜先生说："先生，你是想让我做一个非常大的官，而且首屈一指，你还要让我为了这个奉献自己，不惜牺牲自己。"先生满意地点了点头，说明诸葛亮答对了。

水镜先生看诸葛亮如此机智，就把诸葛亮收为弟子。

趣事有感 ━━━━━━━━━━━━━━

诸葛亮，字孔明，号卧龙，今山东临沂市沂南县人，三国时期蜀国丞相，杰出的政治家、军事家、外交家、文学家、书法家、发明家。

早年随叔父诸葛玄到荆州，诸葛玄死后，诸葛亮就在隆中隐居。后刘备三顾茅庐请出诸葛亮，联孙抗曹，于赤壁之战大败曹军，形成三国鼎立之势。

刘备在成都建立蜀汉政权，诸葛亮被任命为丞相，主持朝政。蜀后主刘禅继位，诸葛亮被封为武乡侯，领益州牧。诸葛亮主持朝政期间勤勉谨慎，大小政事必亲自处理，赏罚分明；与东吴联盟，改善和西南各族的关系；实行屯田政策，加强战备。诸葛亮率部前后六次北伐中原，多以粮尽无功，终因积劳成疾，病逝于五丈原，享年54岁。

诸葛亮散文代表作有《出师表》《诫子书》等。曾发明木牛流马、孔明灯等，并改造连弩可一弩十矢，并称其为诸葛连弩。

诸葛亮是中华传统文化中忠臣与智者的代表人物，在民间的知名度很高，是中国古代智慧的化身。

我很喜欢他在《出师表》中那句"鞠躬尽瘁，死而后已"，其实，他自己就是这样身体力行的。

真是个：

三顾茅庐隆中对，三分天下显智慧。出师未捷身先死，鞠躬辛劳叹尽瘁！

64. 徐茂公从小当家

隋唐时期的徐茂公排行老三，是最小的。

徐茂公 16 岁那年，他父亲对三兄弟说："爹老了，从今年起，当家的事你们从大到小，一人一年轮着来。"两个哥哥点头答应。

徐茂公却问道："父亲，如果我当家，到时家里的一切要我做主，谁也管不得。"父亲说："那是必然的，谁也不得插手！"

第一年，大哥当家；第二年，二哥当家。他们都尽心尽力，当得好，家庭顺利，收成也很好。哥俩都想看老三徐茂公的笑话。

第三年，徐茂公当家了。他把长工们叫到一起说："从今天起，你们都给我停工休息！工钱照发！"徐茂公又告诉自家各处店铺："把所有存货减价卖光。库房里多收黍子，其他货物一概不进！"

清明过了，谷雨临近，徐茂公也没有让大家开工。夏天到了，徐茂公还是按兵不动。

夏至后入小暑，长工们休息了五个月。一天，徐茂公对长工说："从明天起，把土地打耙一遍，十天以后开耧种地。"

原来这年大旱，入春以来虽下过几次雨，可惜都没下够三指。乡人因怕误了播种节令，前后播过几次种，一棵苗也没留住，不光白累一回，还白白扔掉许多种子。

徐茂公说十天以后播种，长工们心里想：十天以后如果没有雨，怎么办？结果，到第十天，土地刚刚耕耙完毕，夜间真下了一场透雨。因为节令晚了，不能再种别的庄稼，黍子生长期最短，只有种黍子才会有收成。徐家很快全播上了黍子。

各家各户，自然也想全播上黍子，可是他们只能到徐家店铺买黍种。徐家大卖了个好价钱。年终结算，收入不知超过往年多少倍！老爹和两个哥哥这才惊讶地说："原来老三有这样的神机妙算！"

第二年，本来轮到大哥第二次当家，他和二哥谁也不肯接手，一致举荐三弟接着当家，父亲同意了。

徐茂公继续当家。春季里，风调雨顺，人们按时播种谷子、玉米。但徐家却大量收购黍子，其余农户留下种子后都卖给了徐家。而且，徐家只在僻静远田播了种；大路两旁的好地，一颗种子也没播，人们不免又觉奇怪。

这一年，隋炀帝杨广下江南游玩，挑选了18位美女，穿着单薄的衣裳，为他顺着大道拉辇行走。隋炀帝还要求，大道上要铺三尺厚的黍子。因为黍粒又光又滑，美女们每迈一步，都要摔几个跟头，那昏君杨广正好借着看美女们摔跟头的时机，寻欢作乐。

从京都洛阳到江南，大路上全用黍子铺垫，该用多少黍

子呀！黍价虽然猛涨，但皇家有的是银子，哪管贵贱？农家小户只留了一点黍种，能卖多少？只有徐家的店铺，已经收了大量的黍子，一时全部高价卖光。其收入，超过往年很多倍！

大路两边的田里，所有青苗全被官差践踏损毁，徐家路边田里没有播种，种在了远地，又有好收成。

徐茂公当家两年，名声传遍州县。到了岁尾腊末，父亲和两个哥哥让他来年接着当家，徐茂公笑笑说："来年，我要去给别人当家了！"

来年年初，瓦岗寨上的程咬金、秦琼、罗成一干好汉，真到庄上来请徐茂公去当军师了。

趣事有感

徐茂公，原名徐世绩，唐朝皇帝赐以李姓，又叫李世绩，字懋功，也叫徐茂公，今山东省菏泽市东明县人。唐朝初年名将，与卫国公李靖并称。

徐茂公早年投身瓦岗军，后随李密降唐。一生历事唐高祖、唐太宗、唐高宗三朝，深得朝廷信任并被委以重任。他随唐太宗李世民平定四方，两击薛延陀，平定碛北。后又大破东突厥等，成为唐朝开疆拓土的主要战将之一。他出将入相，功勋卓著，被朝廷倚为干臣，是凌烟阁二十四功臣之一。

他历任兵部尚书、同中书门下三品、司空、太子太师等职，累封英国公。

徐茂公兼通医学，曾参与编纂世界上最早的药典《唐本草》，并自撰《脉经》一卷。

民间把徐茂公吹得很神，能掐会算，还工于心计。他侍候了三位唐代皇帝，且皇帝都很重用他，拜为军师，治理国家。

徐茂公还是一个讲义气、重亲情的人。

故事一：

李世民平定洛阳王世充，俘获了单雄信，将要处死他。徐茂公和单雄信是故友，为单雄信求情，遭到拒绝。徐茂公痛哭流涕，割下自己的大腿肉喂给单雄信，并说："生死永别，此肉与你同归于土！"象征着与单雄信同生共死。

之后，徐茂公收养了单雄信的子女。

故事二：

徐茂公曾经亲自为生病的姐姐煮粥，烧火时，火燎到了自己的胡须。姐姐让徐茂公停下来，徐茂公回答说："姐姐你常常生病，而我快老了，虽然我想多煮几次粥给姐姐，但还能煮几次呢？"

真是个：

大智大慧徐茂公，有情有义真英雄。侍奉三位唐皇帝，出将入相建奇功。

65. 刘伯温骨肉相亲

明朝重臣刘伯温，不但疾恶如仇，而且亲民、爱民、深明大义。

有一次，他微服私访，路过家乡青田时，碰到两名青年在吵架，围观的人议论纷纷。他上前一打听，原来是前年兄弟俩分家时，两头水牛各分一头，一间牛栏中央用木栅隔成两半，同一门出入。

巧的是两头牛都发情怀孕，五天前同时生下一头小牛犊，但其中一头死了。因牛栏中央的木栅架早已被两头母牛撞倒，活着的小牛犊躺在两头母牛的中间轮流吮奶，两头母牛都对小牛犊显得很亲昵，谁也分不清是哪头母牛所生，兄弟俩为此各不相让，争得面红耳赤不可开交。

刘伯温听到情况后觉得非常有趣，便问周围人有没有找人公断过。当地知情人告诉刘伯温："此案不但找人公断过，而且还找过官府断过案呢，但是县老爷也只判了个半斤八两！"

"怎么个半斤八两法？"刘伯温不解地问。

知情人又告诉他："县官老爷认为小牛犊到底是哪头母牛所生，谁也没有亲眼看见过，无凭无据无从判断，只能将牛犊杀掉对半分。兄弟俩一听判决就傻了，谁也不服，故又从县衙吵到家里来了。"

刘伯温听后也觉得好笑，想了一会儿就对众人说："我有个法子帮你们解决。"兄弟俩一听非常高兴，连忙异口同声地说："那行，请客官快说！"

于是，刘伯温吩咐兄弟俩将那头小牛犊牵到大河对岸去，让两头母牛留在大河这边。那小牛犊与母牛分开，隔河一见母牛，又跳又叫，怪可怜的。两头母牛看到对岸的小牛犊也同时发出"哞哞"的叫声，但见其中一头母牛蹬着蹄子虽然显得很焦急，但再无其他反应，而另一头母牛叫了几声之后，却猛地挣断了牛绳一下子泅水过河，跃上岸窜到小牛犊身边，让小牛犊依偎在自己腹下吃奶。

这时，刘伯温开口了，说："大家都看到了，母子情深，别看是牲畜，其实它也跟人一样，骨肉相亲，这就是母子！"

听到刘伯温这么一说，众人鼓掌叫好，兄弟俩也顿时醒悟，一起走到刘伯温跟前，恭恭敬敬地向他作揖道："客官不但给我们分清了牛的归属，更让我们认清了骨肉亲情的道理，这头小牛我们不争了！"

后来，人们得知此人就是乡贤明朝开国国师刘伯温时，无不赞扬他亲民爱民和过人的智慧。

趣事有感

刘基，字伯温，人称刘伯温，青田县南乡（今浙江温州

市文成县）人，元末明初军事家、政治家、文学家，明朝开国元勋。明太祖洪武三年（1370年）封诚意伯，故又称刘诚意。明武宗正德九年（1514年）追赠太师，谥号文成，后人称他刘文成、文成公。

刘伯温中过元朝的进士，博通经史，尤精象纬之学，民间把他与诸葛亮、张良并肩。朱元璋多次说刘伯温："吾之子房也。"

元惠宗至正十九年（1359年）朱元璋闻刘伯温及宋濂等名，礼聘而至。刘伯温上书陈述时务十八策，备受宠信，参与谋划平定张士诚、陈友谅与北伐中原等军事大计，为太史令时，进《戊申大统历》，奏请立法定制，以止滥杀。

后来，刘伯温居乡韬光隐迹，唯饮酒弈棋，口不言功。寻以旧憾为左丞相胡惟庸所讦而夺禄。入京谢罪，留京不敢归，以忧愤疾作，胡惟庸曾派医生探视。八年，遣使护归，居一月而卒。刘伯温精通天文、兵法、数理等，尤以诗文见长。其诗文古朴雄放，不乏抨击统治者腐朽、同情民间疾苦之作。著作均收入《诚意伯文集》。

在文学史上，刘伯温与宋濂、高启并称"明初诗文三大家"。中国民间广泛流传着"三分天下诸葛亮，一统江山刘伯温；前朝军师诸葛亮，后朝军师刘伯温"的说法。他以神机妙算、运筹帷幄著称于世。

真是个：

运筹堪比张子房，智谋恰似诸葛亮。明初诗文三大家，治国理政军师强。

66. 范蠡造秤有功劳

范蠡帮助越王勾践复国后，显大智大慧，激流勇退，隐姓埋名，回乡经商。

范蠡在经商中发现，人们在市场上买卖东西，都是用眼睛"估堆"，哪里准确，很难公平。于是，他突发奇想，要创造一种测定货物重量的器具。

一天，范蠡经商回家，在路上遇见一个农夫正从水井里往外汲水，方法很妙：水井边上竖起一根高高的木桩，一横木绑在木桩顶端。横木的一端吊木桶，另一端系石块，此上彼下，轻便省力。

范蠡看了多时，深受启发，回家回忆水井边的情景，做了一杆秤：用一根细直的木棍做秤杆，上面划上刻度。木棍的一端系上一根细绳，用手提着；木棍的另一端拴上吊盘，用以装载货物，一头系上小石头作为砣，于是，"秤"这种衡器产生了。

经范蠡多次改进，秤也越来越准确、先进了。

趣事有感

范蠡，今河南淅川县滔河乡人。春秋末期政治家、军事家、

经济学家和道家学者。他曾献策扶助越王勾践复国，后隐去。著《范蠡》二篇。

范蠡为中国早期商业理论家，楚学开拓者之一，被后人尊称为"商圣"，"南阳五圣"之一。

世人多称誉范蠡，后代许多生意人供奉他的塑像，尊之为财神。范蠡是范姓始祖范武子的玄孙，并被视为顺阳范氏之先祖。

范蠡一生集老子、孔子、鬼谷子、孙武子思想之大成，司马迁概括范蠡为"忠以为国，智以保身，商以致富，富好行德，成名天下"。

金庸先生曾言，他一生最佩服的两个人，古人是范蠡，今人是吴清源。

范蠡与西施的故事，也传为美谈。

范蠡的激流勇退，真乃大智慧也。

范蠡追随越王勾践22年，历经百战，终于完成了复国大业，因其厥功至伟，范蠡被拜为上将军，勾践甚至表示要将越国江山的一半分给他。

范蠡感到自己的功劳和名声太大了，大到不能成为享受，而成了负担。于是范蠡在向越王请辞不成的情况下，带着家眷乘舟浮海悄然离去。他功成名就之后激流勇退，化名姓为鸱夷子皮，遨游于七十二峰之间。其间，他三次经商成巨富，三散家财。后定居于宋国陶丘，自号"陶朱公"。

到了齐国以后，范蠡给自己的老朋友文仲写了封信，说道："我听说飞鸟射光了，良弓就要收藏起来；狡猾的兔子被抓尽了，猎狗就要被煮来吃了。越王这个人可以共患难，却不能共享乐，为什么不快点离开呢？不然早晚会大祸临头！"

文仲觉得老朋友说的有理，但还是心存侥幸，认为勾践不至于太绝情，便想了个折中的方法，称病不朝。结果没过多久，勾践就听信了文仲要谋反的谗言，赐给他一把宝剑，让他自刎而死。

真是个：

范蠡智谋超天下，辅佐越王复国家。激流勇退定陶公，手挽西施游天涯。

作者出版的其他作品

《追求卓越领导力》

67. 李白挥泪别汪伦

唐代大诗人李白非常喜欢游览名山大川，他多次漫游大江南北。

一天，他收到一个叫汪伦的人写给他的一封信。信上写着："先生喜欢游玩吗？我们这里有十里桃花。先生喜欢喝酒吗？我们这里有万家酒店。请您来我们皖南泾县玩吧。"李白看了这封邀请信，看到这个地方有"十里桃花"、有"万家酒店"，十分高兴，当然值得一看，于是，收拾行李出发。

当李白到了泾县后，根本没有看到"十里桃花"，也没有"万家酒店"。正在纳闷，一个村民打扮的人走上前来说："李白先生，见到您真是太荣幸了。我就是汪伦。"

汪伦接着便解释说："我信里所说的十里桃花，是指十里之外有个桃花潭；而万家酒店呢，是说有一家姓万的人开的酒店。"李白是个性情中人，听了汪伦的话，哈哈大笑，两个人成为好朋友。

汪伦邀请李白在他家住了一段时间，让妻子做了很多香喷喷的饭菜，还拿出了自己收藏的陈年老酒热情地款待李白，他们相谈甚欢。后来，李白在附近的其他朋友处又玩了几天。

几天后，李白决定要离开，并没有专门向汪伦告别，悄悄坐船回家了。谁知李白上船正要开船时，汪伦赶到了。

李白听到汪伦和村里的乡亲们手拉着手一边唱着为他送行的歌，一边用脚踏出节奏。李白又惊又喜，他没想到汪伦会和这么多村民一起来河边送他，这些老百姓对他实在太好了。

他只觉得心头一热，眼泪差点掉了下来。就这样，李白作了一首非常有名的诗《赠汪伦》：

李白乘舟将欲行，忽闻岸上踏歌声。

桃花潭水深千尺，不及汪伦送我情。

趣事有感

唐代著名浪漫主义诗人李白，后人誉为"诗仙"，与杜甫并称为"李杜"。李白的一生大概创作了1 000多首诗歌，至今有981首完整地保存下来，收录在《李太白集》。其代表作有《望庐山瀑布》《行路难》《蜀道难》《将进酒》《明堂赋》《早发白帝城》等。

李白的父亲是位商人，做生意赚了不少钱，相当富裕。据说李白一周岁时，父母让他抓周，李白抓了一本《诗经》。他的父亲很高兴，认为儿子长大后可能成为有名的诗人，就想要为李白取一个好名字，以免后人以为自己没有学问。

他对儿子取名一事非常慎重，越慎重就越想不出来。直到儿子7岁，还没有想好合适的名字。

那年春天，李白的父亲对妻儿说："我想写一首春日绝句，只写两句，你母子二人一人给添一句，凑合凑合。"李白与母亲点头称是。

父亲说的第一句是"春风送暖百花开"，第二句是"迎春绽金它先来"。

母亲想了好一阵子，说："火烧杏林红霞落。"

李白等母亲说罢，不假思索地向院中盛开的李树一指，脱口而出："李花怒放一树白。"

父亲一听，拍手叫好，果然儿子有诗才。他越念心里越喜欢，念着念着，忽然心想，儿子这最后一句"李花怒放一树白"，第一个"李"字不就我们家的李姓吗，这最后一个"白"字，用得真好，正好描述出一树李花圣洁如雪的景象。于是，他就给儿子取名李白。

李白才华横溢，一生中不乏追求者，在李白众多的追求者中，曾有一位女子为了李白"千金买壁"。

那是李白被赐金放还后，路过河南商丘的名胜梁园，面对美景，对酒当歌，挥毫落墨，写下了赫赫有名的《梁园吟》。

> 我浮黄河去京阙，挂席欲进波连山。
>
> 天长水阔厌远涉，访古始及平台间。
>
> 平台为客忧思多，对酒遂作梁园歌。
>
> 却忆蓬池阮公咏，因吟"渌水扬洪波"。
>
> 洪波浩荡迷旧国，路远西归安可得！
>
> 人生达命岂暇愁，且饮美酒登高楼。

　　写毕，李白潇洒地离开了，后来梁园僧人见到墙壁上竟然有人"乱写乱画"，准备擦掉，这时，宰相宗楚客的孙女看到了此情此景，当即拿出千金，买下了这面墙壁，命僧人好生看护，不许毁掉，后来二人结为夫妇，从此留下"千金买壁"的千古美谈。

　　真是个：

　　李白斗酒诗百篇，酒后题诗在梁园。美女千金买壁去，喜结良缘成美谈！

作者出版的其他作品

《责任的担当》

68. 杜甫诗宴别有味

唐肃宗乾元二年(759年),杜甫弃官西去,穷居成都草堂。

一日,几位不速之客到杜甫家以诗会友,杜甫实在拿不出好一点的饭菜招待客人,杜夫人着急万分,不知所措。正在犯难之际,杜甫发现灶房里尚有一把韭菜、两个鸡蛋和一大盘豆腐渣,当即如获至宝,转忧为喜,面带笑容地对夫人说了几句悄悄话后,就请客人入座闲谈。

不一会儿工夫,杜夫人端上三菜一汤摆在桌上。

第一盘是炒韭菜,上面放着两个蛋黄;

第二盘也是炒韭菜,上面甩着蛋白;

第三盘是清蒸豆腐渣,上面什么也没有;

最后是一大碗韭菜豆腐渣汤,上面还漂着几片洁白的蛋壳。

杜夫人当即示意杜甫对客人抱拳发话:"诸位光临寒舍,我深感荣幸,特备'诗宴',以表寸心。"

正当客人有些莫名其妙之时,杜甫拿起筷子,以诗解释菜名:

杜甫指着第一盘菜说,这叫"两个黄鹂鸣翠柳";

杜甫指着第二盘菜说,这是"一行白鹭上青天";

杜甫指着第三盘菜说,这是"窗含西岭千秋雪";

杜甫指着最后一碗汤说,这是"门泊东吴万里船"。

此时,客人才恍然大悟,皆鼓掌叫绝。

趣事有感

　　杜甫，唐代著名现实主义诗人，原籍湖北襄阳，后徙河南巩县。

　　唐肃宗乾元二年，杜甫弃官入川，虽然躲避了战乱，生活相对安定，但仍然心系苍生，胸怀国事。创作了《登高》《春望》《北征》以及三吏三别等名作。

　　杜甫在中国古典诗歌中的影响非常深远，被后人称为"诗圣"，他的诗被称为"诗史"。

　　杜甫心地善良。

　　杜甫在夔州一所破旧的草堂寓居期间，一天深夜，他正为国家内乱而忧虑，加之当时贫病交迫，不免感慨万分。睡在身边的妻子杨氏忽然用胳膊推了推他，轻轻地对他说："你听，外边有响动。"

　　杜甫侧耳听了一会儿，果然听到草堂外有动静。于是，他悄悄地下了床，将帘子拉开，见枣树下依稀有个人影在晃动。杜甫轻轻地走了过去，仔细一看，原来是一个老妇人在用竹竿打树上的枣子。

　　这老妇人每打落几个枣子，便用手在地上乱摸乱寻，捡到了枣子，连忙塞进嘴里囫囵咽进肚里，看样子几天没有吃饭了。杜甫没有惊动她，折身回到了屋内。

　　杨氏问："有人吗？"

　　"有个老妇人在打枣子。"

　　"这么深更半夜来打枣子吃，怕是饿坏了！"杨氏说，"桌

上还有一碗菜粥，我去端给她充饥吧。"

　　杨氏边说边穿好粗布衣裙，端起碗就往外走。杜甫也随手取衣披上，跟了出来。那老妇人见有人来了，扔下竹竿，跌跌撞撞地朝外跑。杨氏轻声唤她："老嫂子，请留步。"

　　老妇人喘着粗气停下了脚步。惨淡的月光下，杜甫见老妇人瘦骨嶙峋，衣不蔽体，顿时大动恻隐之心，忙解下披在自己身上的衣服，搭在老妇人的肩上。杨氏又把一碗菜粥递了过去，让老妇人吃了。老妇人顿感一阵温暖，望着杜甫夫妇，老泪横流。

　　当杜甫问起老妇人的身世时，老妇人哭道："我就在草堂西边那间草棚子里住。丈夫和儿子早年被官军拉去当苦力，至今不知死活……现如今我无依无靠，只有靠挖野菜糊口度日。这几天因挖不到野菜，饿得实在不行了，才来偷枣子。"

　　杜甫说："老嫂子，快别说'偷'字了，这枣你要吃就打吧！"

　　杨氏也关切地说："以后你白天来打吧，半夜三更的，可不要跌倒了。"

　　老妇人千恩万谢地离去了。杜甫和杨氏默然回屋，点起小油灯，再也无法入睡。转眼一年过去，杜甫全家乘舟东下。临行前，杜甫找来老妇人，对她说："我走后，新来的主人姓吴名南卿，是我的好友，我已嘱托过他，你可以照样来打枣！他不会为难你的！"

　　老妇人感激地点点头，她朝杜甫拜了三拜，默默地祝愿恩人全家一路平安。谁知杜甫走后，吴南卿不但没有按杜甫的嘱托办，反而在草屋周围筑起了一道高高的篱笆墙。

杜甫得知此事后，特意写了一首题为《又呈吴郎》的诗："堂前扑枣任西邻，无食无儿一妇人。不为困穷宁有此？只缘恐惧转须亲。即防远客虽多事，便插疏篱却甚真。已诉征求贫到骨，正思戎马泪盈巾。"

吴南卿读后，马上领悟到杜甫的良苦用心，这首诗既表达了杜甫对老妇人哀怜的感情，又抨击了不公平的社会现状以及战争带来的灾难。他顿觉羞愧不已，忙叫人拆除了篱笆墙，并亲自去老妇人家赔礼道歉。

几个月后，吴南卿离开夔州回忠州。临走那天，他把草堂收拾得干干净净，请老妇人住进来。吴南卿说："遵照杜公的意思，我走后，这草堂便是你的了。那棵枣树望悉心照料，杜公最喜爱吃枣，说不定哪天还会回来！"

从此，老妇人晚上施肥，早上浇水，枣树越长越粗，枣儿越来越甜。老妇人非常怀念杜甫，每逢收枣，她都要精选一批饱满的、颜色好的枣子，摊在草席上晒干，然后用蜜水浸泡数日再捞起来，风干后，储藏在坛子里。

一天天过去了，一月月过去了，枣坛一只只增多，杜甫却没有回来。老妇人望着枣树，心中十分惆怅，她多么渴望恩人回来吃枣啊！

真是个：

善良诗圣杜工部，诗宴幸得夫人助。关心老妇枣充饥，渴望恩人守枣树。

69. 居不易到居而易

白居易出生在一个小官僚家庭，祖父白锽以文章闻名于世。他五六岁时便学作诗，十几岁时在家乡已很有名气。

16岁时，白居易到京城参加科举考试。当时，顾况是长安的一位名士，许多人都到他那里求教。白居易虽然诗才过人，但由于没有诗作传播在外，父亲又只是一名州县小吏，所以在长安只算一个无名小卒。白居易早已听说过顾况的大名，于是便拿着自己的诗集去拜谒顾况。

顾况的门人把白居易领入府中，他呈上自己的诗作。顾况一见白居易是个乳臭未干的年轻人，就先不以为然了。接过诗集一看署名"白居易"，便取笑说："长安的什么东西都贵，想居住在长安可是不容易哟！"

白居易听出话中的讥笑之意，但一言不发。

顾况翻开诗集，便是一首《赋得古原草送别》映入眼帘：

> 离离原上草，一岁一枯荣。
>
> 野火烧不尽，春风吹又生。

刚读完前四句，顾况就不由得高声赞叹说："好诗！"又想起刚才自己挖苦的话，于是又赞许地对白居易说："能写出这样的句子，不要说长安，就是整个天下，你都'居易了'！"

从此，白居易便名噪京师。尤其他那首被顾况赞叹的《赋得古原草送别》，更是千古传诵。

趣事有感

白居易，祖籍山西太原，生于河南新郑。

白居易是唐代伟大的现实主义诗人，唐代三大诗人之一。白居易与元稹共同倡导新乐府运动，世称"元白"，与刘禹锡并称"刘白"。

白居易的诗歌题材广泛，形式多样，语言平易通俗，有"诗魔"和"诗王"之称。官至翰林学士、左赞善大夫。

有《白氏长庆集》传世，代表诗作有《长恨歌》《卖炭翁》《琵琶行》等。

我特别喜欢白居易这样的名诗句："野火烧不尽，春风吹又生"，诗句通俗浅显，但含蕴深刻，成为千古绝唱。

其实，白居易的粉丝很多。

据说唐代荆州有一名叫葛清的街卒，疯狂迷恋白居易的诗歌，崇拜白居易到了狂热的地步，他的行为简直不可思议，甚至不可理喻。

葛清在自己的身上刻上白居易的诗句，"自颈以下遍刺白居易诗，凡三十余处"，连后背也刻上了白居易的诗句，且配了图画，图文并茂。

真是个：

居易还是居不易，其实主要看实力。名诗名句传千古，粉丝自然有道理。

70. 不愧第一女词人

宋代女诗人、词人李清照样样都好，人美诗词好，又是性情中人，又喜酒爱茶，女奇人，难得！

而且，李清照的记忆力特别好，说过目不忘或许言过其实，但至少也算得上是博闻强识的呢！李清照自己的原话也是这样说的："余性强记。"

当年，她和她那差点做了湖州太守的丈夫赵明诚，恩恩爱爱，何等幸福快乐！而且，夫妻俩常常会玩茶文化的游戏，甚得其乐。

李清照自己也描写了这样的场景：每次吃完饭（李清照没有交代是早饭、中饭，还是晚饭），她就和丈夫明诚一起坐在归来堂上烹茶，顺便还玩玩茶文化游戏：他们分别指着堆积的史书，说出某一典故出自哪一本书哪一卷哪一页哪一行，以猜中与否决定胜负，作为饮茶先后的依据。猜中了的人，先饮茶，猜不中的人后饮茶。一旦猜中，都高兴得不得了，端着茶杯大笑不止，却忘了喝茶，以至于笑得把茶水倒在了怀中，站起身来时反而饮不到一口茶。

当时，李清照夫妻俩好快乐哟！简直是两个小顽童。后来的李清照回忆起来，十分感慨：真想就那样活一辈子哟！是的，在这方面，李清照本来应该更好些的！

趣事有感

　　李清照，宋代女词人，婉约派代表人物，有"千古第一才女"之称。

　　有人说，是李清照首创茶令。一般人都知道喝酒有"酒令"，所谓划拳行酒令，以助酒兴，人常说，喝闷酒易醉，酒要喝得高兴，那就得行酒令。很少有人听说有"茶令"。

　　《中国风俗大辞典》中有这样一段叙述："茶令流行于江南地区。饮茶时以一人为令官，饮者皆听其号令，令官出难题，要求人解答执行，做不到者以茶为赏罚。"

　　茶令是一种很有文化，特别是有茶文化的创举。茶令最早出现在宋代，它是宋代兴盛斗茶的产物。斗茶之风遍及朝野，文人尤其嗜好。

　　当年，李清照与丈夫赵明诚互猜典故出自哪本书哪一卷哪一页哪一行，并此论输赢，这便是最早的茶令。后来，李清照因丈夫病故，金兵入侵，晚年避难江南，虽不怎么喝茶了，但茶令却在江南流传开来。饮茶行令，启智助学，使人兴奋，对文人大有好处。茶令的创造和盛行，也极大地丰富了中国的茶文化。

　　李清照有不少诨名、别称、雅号：易安居士、茶令鼻祖、婉妁宗主、李三瘦等。其中，"李三瘦"的诨名却鲜为人知、很奇特也不好理解！难怪一提到减肥，我马上就想到李清照。一般人的"瘦"，就一个"瘦"字；有的人"瘦一瘦"，就

有了两个"瘦"字；而李清照可是"三瘦"，有三个"瘦"字呢！

其实，这里的"李三瘦"的"瘦"，并不是说她身材瘦小苗条（李清照本人的确苗条漂亮），更不是因喝茶而瘦了，当然我也就讨不了减肥的秘方！"李三瘦"，其实不是诨名，而是一个雅号！所谓"李三瘦"的"瘦"，是说李清照喜以"瘦"字入其词，来形容花容人貌，而且是有三个"瘦"字入了她的三首词，创造了三个因"瘦"入词而名传千古的动人词句。前无古人"瘦佳句"，可有来人"三瘦"诗？天生丽质李清照，千古绝唱诵"瘦"词！

第一首是《凤凰台上忆吹箫》，"新来瘦，非干病酒，不是悲秋"。

第二首是《如梦令》，"知否，知否，应是绿肥红瘦"。

第三首是《醉花阴》，"莫道不消魂，帘卷西风，人比黄花瘦"。

真是个：

千古才女李三瘦，人美词美诗优秀。首创茶令遍朝野，豪饮难醉杯中酒。

71. 鉴水高人王安石

北宋思想家、政治家、文学家、改革家、宰相王安石，老年患了痰火之症，虽然每每病发时服药，却难以根除。

皇帝爱惜这位老臣，让太医院的御医为王安石诊治。太医详细问了王安石的病情，没有开什么正经的药，王安石疑惑不解。这时，御医却让王安石常饮阳羡茶。但嘱咐他须用长江瞿塘中峡的水煎烹。

王安石很纳闷，怎么非得用长江瞿塘中峡的水来煎烹呢？这有什么讲究吗？难道其他江水、其他峡的水就不行吗？

王安石听了，也没好问御医，心想，人家不是御医吗？御医自有医道，加上自己也是一个嗜茶之人，也是一个鉴水之人，再加之，这也是为了自己的病呀，虽然甚觉奇怪，也就这样照办吧。但是，问题出来了，这阳羡茶好买，而长江瞿塘峡的水怎么弄呢？当时交通没有今天这么方便，也没有快递业务呀，这可让王安石发愁了。

恰巧，王安石得知苏轼要去黄州，途中要经过瞿塘峡，就郑重其事地相托苏轼说："介甫十年寒窗，染成痰火之症，须得阳羡茶以瞿塘中峡水煎服才能缓解。子瞻回归时，烦于瞿塘中峡取一瓮水带回，不胜感激。"

苏轼自然爽快地答应了。几个月后，苏轼返程，因为旅

途过于劳累，船经瞿塘中峡时打了一会儿瞌睡，等到他一觉醒来，船已到了下峡，想起老友的嘱咐，赶紧在下峡舀了一瓮水，回去交给王安石。苏轼想，反正都是长江水，都是峡中之水，中峡和下峡有什么大区别吗，谁又会那么仔细地分清楚呢？

苏轼把长江瞿塘峡的一瓮水送到了王安石的府上，王安石大喜，来不及向苏轼道谢，就亲自取水烹茶，并邀苏轼一起细细品茶。王安石屏声静气品了第一口，忽然眉头紧蹙，问苏轼："此水取自何处？"

苏轼答："瞿塘峡。"

王安石又问："可是中段？"

苏轼有点心虚，沉默了一会儿，但还是强作镇定答道："正是中峡。"

王安石听了连连摇头："非也，非也，此乃下峡之水。"

苏轼大惊道："三峡之水上下相连，介甫兄何以辨之？兄怎知这是下峡之水？"

王安石笑道："《水经补论》上说，上峡水性太急，味浓；下峡水性太缓，味淡。唯中峡之水缓急相半，浓淡相宜，如名医所云：'逆流水性逆而倒上，宣吐痰饮。'故中峡之水，具去痰疗疾之功。此水，茶色迟起而味淡，故知是下峡之水。"

苏轼听了王安石的话，既惭愧，又满心折服，连声谢罪致歉。

趣事有感

王安石学问高深，其实，王安石孩提时，并不是神童，他和其他小孩一样，也很调皮、贪玩。

13岁那年，王安石从临川来到宜黄姑姑家，并拜宜黄一饱学隐儒杜子野先生为师，在县城西郊仙洞古寺的读书堂求学。因为实在太调皮，杜子野对如何管教王安石颇为烦恼，并苦苦思索去除王安石顽劣个性的方法，让他能静下心来，安心求学，考取功名。杜子野也想了好多办法用在王安石身上，但效果不明显，杜子野很苦恼，不知怎么办，于是，他的脑袋里整天就想这件事。

日有所思，夜有所梦。一天夜里，杜子野梦到观音菩萨，观音菩萨对杜子野说："王安石是将相之才，你要好好调教。小孩好动调皮，是因为水土不服，火气太旺所致。我教你一法，可药到病除。曹山寺住持本寂师傅种了一株白茶树，如今白茶树已经长成参天大树，你去采摘新鲜叶子，制成茶叶，每日早上让王安石喝一杯，能清新明目，去其虚火，方能安心读书。"

第二天一早醒来，杜子野立即到附近的曹山寺采摘白茶树叶，并按观音菩萨所说，煎制成茶叶，每天早上给王安石喝白茶叶水。果然，王安石在喝了一个月的白茶叶水后性情大变，身上的顽劣个性也不见了，真的能安心读书了，求学也很用功。很快，王安石学习成绩大有长进。再后来，王安

石一门心思扑在读书上，日日闻鸡起舞，挑灯夜读。杜子野看在眼里，喜在心里，心想，小子如此上进，他日必成大器，看来，这要归功于白茶哟。

这虽然只是个神话故事，但是，白茶的安神作用确实是有的，王安石也确实喜欢喝白茶。而王安石的老师杜子野为了调教他，并让他安心读书，真是用心良苦，难能可贵呀！

真是个：

宰相鉴水有高招，苏轼谎言怎能逃？天才也是后天就，白茶安神读书好。

72. 东坡广告诗作好

苏东坡一生几起几落，屡屡得罪朝廷，一贬再贬，贬到祖国最南端的海南岛的儋州。那时，儋州城的各种条件都很差，满地破烂，民不聊生。但苏东坡很喜欢到南街头一家刘婆婆开的油条店吃油条。油条味道很好，越吃越想吃。可是，这家油条店生意却很冷清，因为一般人并不知道这家店的油条是否好吃。

一天早上，苏东坡又到刘婆婆的油条店来吃油条。苏东坡一个人边吃油条边问："刘婆婆，生意怎么这么冷清呢？"刘婆婆说："这店开不下去了，恐怕要关门了！"苏东坡是一名美食家，又是一个肯帮忙的热心人，他吃完了油条后，说："刘婆婆，你马上去找一点纸、墨、笔、砚来，我给你写一首诗，保你的油条马上火起来。"

一会儿，刘婆婆找来纸、墨、笔、砚，恭恭敬敬摆放在苏东坡面前。只见苏东坡大笔一挥，很快写出了一首诗。诗是这样写的："翘翘两头中间伸，胖胖身材嫩黄深。欲吃酥口百不厌，飘溢香味万户间。儋地油条乃一绝，谢谢刘婆送佳稀。"

那刘婆婆好不高兴，赶忙请人将苏东坡写的诗贴在店铺门上。一会儿店铺门口人山人海，众人称赞苏东坡的诗和字

都写得好。不用说了，那刘婆婆的油条店因苏东坡写诗赞美，名气如日中天，生意火暴。

有一位秀才读了诗后，赞不绝口道："好诗！好诗！写出了油条的'形''色''味''感'，不愧是大手笔啊！"

趣事有感

苏轼，四川眉山人，号东坡居士，世称苏东坡。

北宋著名文学家、书法家、画家，"唐宋八大家"之一，"宋四大家"之一。宋仁宗嘉祐二年（1057 年）进士及第。其作品主要有《东坡七集》《东坡易传》《东坡乐府》《潇湘竹石图卷》《古木怪石图卷》。

大约是苏东坡在朝廷当礼部尚书时，有一日，他去王安石的书房乌斋找王安石，王安石不在，苏东坡见乌斋台桌上摆着一首只写了两句尚未写完的诗："明月枝头叫，黄狗卧花心。"

苏东坡瞧了又瞧，心生好奇，觉得明月怎能在枝头叫呢？黄狗又怎么会在花心中卧呢？以为不妥。于是提笔一改，将诗句改为"明月当空照，黄狗卧花荫。"

王安石回来后，对苏轼改他的诗极为不满，据说就将他贬到合浦。苏东坡到合浦后，一天，他在室外散步，见一群小孩子围在一堆花丛前喊："黄狗罗罗，黑狗罗罗，快出来呀！

罗罗罗，罗罗罗。"苏东坡出于好奇心，走过去问小孩喊什么，小孩说，我们叫虫子快点出来，好捉它。苏东坡凑近花前一看，见有几条黄色、黑色芝麻大的小虫在花蕊里蠕动。又问小孩："这是什么虫？"小孩说："黄狗虫，黑狗虫。"

苏东坡离开花丛，来到一棵榕树下，正碰到树上一阵清脆的鸟叫声，问旁人，这是什么鸟？旁人答道："这叫明月鸟。"此刻，苏东坡才恍然大悟，知道自己错改了王安石的诗。

苏东坡有很多名诗词，我很喜欢他的《题西林壁》：

横看成岭侧成峰，远近高低各不同。

不识庐山真面目，只缘身在此山中。

这首诗既写了景，又抒了情，更具有深刻的哲理性。

真是个：

苏轼堪称大才子，才子也有失误时。油条诗词广告语，引来众人享美食。

73. 兄妹巧对显才华

苏东坡的妹妹苏小妹是一个才女，擅长诗文。

有一次，苏小妹到京城来看望做官的哥哥。兄妹相见，欢饮长谈。苏东坡准备考一考苏小妹的才华。

苏东坡出了一联："水仙子持碧玉簪，风前吹出声声慢。"

苏小妹听后，虽然觉得是好联，但感到难对。因为这副上联里，暗含有"水仙子""碧玉簪""声声慢"三个词牌名，所以下联也必须有三个词牌名相对。

苏小妹正在为难时，忽然，月光下一个丫鬟端着酒菜过来，苏小妹灵机一动，便脱口而出："虞美人穿红绣鞋，月下引来步步娇。"

苏东坡一听，连连夸道："妙对！妙对！"

因为苏小妹的下联里也暗含有"虞美人""红绣鞋""步步娇"三个词牌名。

这时，仆人端上来一盘糖炒板栗和几节新采的莲藕。板栗炒过之后，栗壳裂开了，露出黄澄澄的栗子。苏小妹就以糖炒板栗为题，出了一联："栗破凤凰见。"

"凤凰"借指"缝黄"，是同音字，因此下联也要用借意手法，用同音字相对。

苏东坡想了好一会儿，也没对出来。这时，他看到桌上的莲藕，说声"有了"，将白生生的莲藕一折两节，对出了下联："藕断鹭鸶飞。""鹭鸶"借意"露丝"，也是同音字。

接着，苏东坡又出一联："无山得似巫山耸。"

苏小妹应声答道："何叶能如荷叶圆。"

苏东坡见难不倒苏小妹，又出了一个酒令："虽去乙为虫，添几却是风。风暖鸟声碎，日高花影重。"

苏小妹略加思索，应声答道："江去水为工，添糸即是红。红旗开向日，白马骤迎风。"

苏东坡听了，对苏小妹的才情十分佩服。

趣事有感

相传，苏小妹为苏轼的妹妹，野史记载其名苏轸，是当时出了名的才女，民间更有"苏小妹三难秦观"的故事流传。

苏轼平生喜欢与亲人朋友互通书信，其书信被后人整理成文，现存的苏轼亲笔信件中，所寄大多是给自己的弟弟苏辙。而信件中从未提起有这个"妹妹"，再看苏东坡的传世诗词中，也并无一篇提及这个"妹妹"。

但根据三苏祠的记载，历史中确有苏小妹其人，不过因为苏小妹在苏轼、苏辙两兄弟还很小的时候便去世了，自然未能留下有关的书籍记载。

所以，关于苏小妹的故事，有可能是民间相传的版本。

明末清初作家冯梦龙的《醒世恒言》里，有"苏小妹三

难新郎"的故事；清代文人李玉的《眉山秀》里，浓墨重彩地描写了苏小妹的才华横溢、文思敏捷。

近年来，一些影视作品更是将传说中的苏小妹塑造得富有传奇色彩，使她成为聪慧女子的象征。

流传最多的是苏小妹与秦少游的恋爱故事。

北宋年间，著名词人秦少游拜访苏轼，被聪明可爱的苏小妹吸引。秦少游对苏小妹一见钟情，二人最终喜结良缘。

洞房花烛夜，苏小妹有心试试相公的才华，便命丫鬟将秦少游锁在门外，让他对对联："东厢房，西厢房，旧房新人入洞房，终生伴郎。"

秦少游被苏小妹的深情打动，脱口而出："南求学，北求学，小学大试授太学，方娶新娘。"

苏小妹知道这道题没有难住情郎，于是亲自开了门。喝完交杯酒，两人四目相对，苏小妹却含羞说道："红帏帐前，与郎执手，若要同寝，再对一联，上联是：'小妹虽小，小手小脚小嘴，小巧但不小气，你要小心。'"

秦少游这下犯了难，来回踱步冥思苦想。苏小妹见状不禁心生悔意，于是用温情的目光看着秦少游。秦少游见苏小妹粉面含羞，不由心动，便对出了下联："少游年少，少家少室少妻，少见且又少有，愿娶少女。"

真是个：

苏轼才高八斗，小妹才华横流。巧对兄妹显才，妙对小妹少游。

74. 解解元饮茶妙对

明朝三大才子之一的解缙，自幼喜文，而且才思敏捷，被誉为神童。年少时考中解元，乡试第一名，19 岁中进士，其才华文采深得明太祖朱元璋的器重。

一日，解缙外出游山玩水，走路多时，口渴难耐，便到一农舍要些茶水喝。

这时，农舍走出来一位白发老人，问他何人。解缙自豪地回答道："吾乃解缙解元是也。"

老者笑道："原来那个号称神童、善对对联的解缙就是你呀！喝茶可以，先要对上我出的对联。"

解缙听后，没当一回事，说："老人家请出上联。"

老者出的上联是："一碗清茶，解解解元之渴。"

解缙听之，倒是吓了一跳，此对有难度，因为联中"三解"联用，且三个"解"字有三义：第一个解字是动词，为解除、解渴之意。第二个解字是解缙的姓。第三个解字是解缙的身份——解元。

这三解字连用，都与解缙有关，虽不是绝对，倒也是一个难对之对。

解缙能够对上此对喝上茶吗？

话说解缙一时对不上老者的茶之上联，但老者还是让他

先行喝茶，慢慢品茶，与老人家慢慢聊天。

聊天中，得知老者姓乐，曾在朝廷乐府供职，又见墙壁上挂着一把七弦琴，便有了主意，说："请老丈抚琴，我自有对来。"

"好好好。"老人取琴，弹了一曲《高山流水》，解缙听后，拍手称道，并对出下联："七弦妙曲，乐乐乐府之音。"

老者听了解缙的下联，赞不绝口："妙妙妙，对得妙，对得好，不愧是神童，请解元喝茶！"于是，捧出了上好的清茶让解缙品尝。

趣事有感

在上面的故事中，解缙的下联，不仅对仗工整，而且三个"乐"字对三个"解"字堪称绝对！

三个"乐"，也是三字三义：第一个乐字也是动词，即喜欢的意思。第二个乐字是老人的姓。第三个乐字是老者的身份，即在乐府供职之人。

老者上联出得巧，解缙下联对得妙，所以，难怪解元要喝好茶了！

解缙，今江西吉水人，明代大臣，文学家。

明太祖洪武二十一年（1388年）中进士，官至内阁首辅、右春坊大学士，参预机要事务。解缙因才学高、好直言而被

207

皇帝忌惮，屡遭贬黜，最终以"无人臣礼"下狱，明成祖永乐十三年（1415年）冬被埋入雪堆冻死。

解缙自幼颖悟绝人，他写的文章雅劲奇古，诗豪宕丰赡，书法小楷精绝，行、草皆佳，尤其擅长狂草，与徐渭、杨慎一起被称为明朝三大才子，著有《解学士集》《天潢玉牒》等；总裁《太祖实录》《古今列女传》；主持编纂《永乐大典》；墨迹有《自书诗卷》《书唐人诗》《宋赵恒殿试佚事》等。

真是个：

解解元才高八斗，对对子品茶享受。曾得意进士官场，屡遭贬雪堆寒丘！

作者出版的其他作品

《管理创新》

75. 两才子猜谜饮茶

明代江南四大才子之一祝枝山，是一个爱茶之人，他与唐伯虎、文徵明、周文宾等人是好友，经常饮茶谈文，好不快活。

祝枝山品茶，爱与猜谜结合，逗乐子。

祝枝山有一个女佣，她日常服侍主人左右，经常与主人一起以茶待客。久而久之，女佣耳濡目染，对茶也很有感觉，成了一个猜谜对诗的能手，时常与主人以谜语对答，非常默契，深得祝枝山的喜欢。

一天，唐伯虎来访，只听祝枝山喊了一声："梅香，来，泡茶！"

梅香即应声道："晓得，泡去哉。"

少顷，梅香端上两杯茶来，却放在祝枝山面前，听祝枝山发落。

唐伯虎有些不解："这又是用谜语来难我了？"

祝枝山笑着对唐伯虎说："刚才我与梅香的对话，就是一则谜语，要求打七言诗一句，猜中方得饮茶。"

唐伯虎边笑边想，没多会儿，就念出了宋代张栻的《春日偶成》中的一句"春到人间草木知"。

祝枝山听后，击掌大笑："猜得好，猜得妙，请用茶！"

原来，唐伯虎想，祝枝山喊了声"梅香，来，泡茶"，这"梅香"，可不就是冬去春要到了吗？而泡茶的"茶"，不就是有"草人木"吗？

梅香应了声"晓得"，这正是"知"也，连起来，当然就是"春到人间草木知"了。

唐伯虎接过茶来，忽然若有所思地说："这个谜很精彩，可谓字字相扣。可惜你喊的'泡茶'，这个'泡'字是多余的！"

祝枝山哈哈大笑，说："唐兄，君不见，梅香说了句'泡去哉'吗？就是去掉'泡'字了！"

唐伯虎听了，笑得把刚饮的茶都喷了出来，大呼："妙，妙！妙哉！"

趣事有感 ━━━━━━━━━━━━━━━━━━━━━━━

明代吴中（今苏州一带）有"江南四大才子""吴门四才子"，才华横溢的文化人：唐伯虎、祝枝山、文徵明、周文宾。

四人诗书画都十分了得，特别是画作出名，而且他们都喜欢喝茶，都属于"社会文人"（除周文宾外），风流倜傥，见面吟诗作对，交友相谈，品茶交流是必需的。他们中有的人还是"茶痴"，也有茶诗留世，有的茶诗佳句还颇有文采和茶之韵味，就是300多年后的今天读起来，也能嗅到随之飘来的阵阵茶香。

其实，江南四大才子中，周文宾是虚构的，第四位应该是徐祯卿。

因为江南四大才子都是"诗书画大才子"，而徐祯卿的诗堪称一绝，但不通书画。加上他考取功名后，留在京城为官，进入主流文人之列，与江南其他才子很少"和"在一起。由于徐祯卿本人长得丑，于是人们在文学、戏剧作品中便把他给"开除"了，虚构出一个"周文宾"。

无论这江南四大才子是谁，他们得此称呼是因为：第一，他们都是明代人，都是江南吴江人；第二，都是文化人，都很有才华；第三，都喜茶，都写有关于茶文化的作品，也可以叫江南四大茶人也。

真是个：

四大才子都喜茶，顶尖绝活诗书画。猜谜饮得好茶去，留下百年一佳话。

76. 敬梓妙语嘲公子

有一天，吴敬梓正在茶馆喝茶，城里几个有名的花花公子也进来了。他们一瞧吴敬梓这副"寒酸"样，便你一言我一语地奚落起来："看看看，这是什么打扮？百姓不像百姓，举人不像举人。""哈哈哈，你们看，他那帽子里蹲着只乌龟呢！"

吴敬梓实在听不下去了，真想上去用拳头狠狠地教训这几个恶少。但他转念一想，自己势单力薄，好汉不吃眼前亏，便忍了下来。他端起面前那把茶壶，先是端详、抚弄了一番，然后旁若无人地赋起一首诗来："嘴尖肚大柄儿高，壶水未满先晃摇。量小不能容大佛，半寸黄水起波涛。"诗毕，吴敬梓昂然起身，拂袖而去。

寥寥几句短诗，尖锐、辛辣地嘲讽了这伙道貌岸然、不学无术的公子哥。花花公子面面相觑，一个个竟成了"哑巴"。

趣事有感

吴敬梓，清朝最伟大的小说家之一。安徽省滁州市全椒县人。因家有"文木山房"，所以晚年自称"文木老人"。

又因自家乡安徽滁州全椒县移居江苏南京秦淮河畔，故又称"秦淮寓客"。

吴敬梓从小就很聪明，记忆力特别好，过目不忘，可谓少年才子。长大后学习很好，尤精《文选》，笔头了得。但对居家过日子不在行，生性豪迈，不过数年，旧产挥霍俱尽，以至于有时吃了上顿没下顿，穷困潦倒。吴敬梓宁可贫居度日，也不愿攀附权贵，后来醉酒辞世。

吴敬梓的著作中，最著名的是讽刺小说《儒林外史》。

《儒林外史》全书共56回，脱稿后即有手抄本传世。

《儒林外史》用写实主义描绘了各类人士对"功名富贵"的不同表现：一方面真实地揭示人性被腐蚀的过程和原因，从而对当时吏治的腐败、科举的弊端、礼教的虚伪等进行了深刻的批判和嘲讽；另一方面热情地歌颂了少数人物以坚持自我的方式所做的对人性的守护，从而寄寓了作者的理想。

《儒林外史》的开创性意义在于，它以现实主义为底色，以讽刺为美学追求。它与之后出现的《红楼梦》一起，构成了我国古代小说的又一高峰，在中国小说发展史上起着不可替代的作用。

小说白话的运用已趋纯熟自如，人物性格的刻画也深入细腻，尤其是采用高超的讽刺手法，代表着中国古代讽刺小说的高峰，它开创了以小说直接评价现实生活的范例。

鲁迅认为《儒林外史》的思想内容"秉持公心，指摘时弊"。

胡适认为其艺术特色堪称"精工提炼"。

在国际汉学界，该书影响颇大，早有英、法、德、俄、日、西班牙等多种文字传世，并获汉学界盛赞，有人认为《儒林外史》足堪跻身于世界文学杰作之林，可与薄伽丘、塞万提斯、巴尔扎克和狄更斯等人的作品相提并论，是对世界文学的卓越贡献。

《儒林外史》奠定了我国讽刺小说的基石，对后来文学的影响是巨大而深远的。

真是个：

怪才穷困吴敬梓，讽刺小说奠基石。儒林外史堪杰作，高超手法有人知！

77. 西施有"沉鱼"之貌

"沉鱼",是关于西施的故事。

春秋战国时期,吴越相争,吴国兵强马壮,很快打败了越国,把越王勾践和宰相范蠡押作人质。越王为报灭国之仇,暂栖于吴王膝下,装得十分老实忠诚。一次吴王肚子疼,请郎中来也没有看出啥病。越王勾践得知后就当着吴王夫差的面,亲口尝了他的粪便,说:"大王没什么病,只是着了凉,喝点热酒暖暖就会好的。"吴王照勾践说的,喝了点热酒,果然好了。

吴王看到勾践这样忠心,就将他放回越国。勾践回国后接受了范蠡献的复国三计:一是屯兵,加紧练武;二是屯田,发展农业;三是选美女送给吴王,作为内线。当时,有一个叫西施的,是个浣纱的女子,五官端正,粉面桃花,相貌过人。她在河边浣纱时,清澈的河水映照她俊俏的身影,使她显得更加美丽。这时,鱼儿看见她的倒影,忘记了游水,渐渐地沉到河底。

从此,西施就成了"沉鱼"的代称,在附近流传开来。西施被选送到吴国后,吴王一看西施如此美貌,对西施百依百顺,终日沉溺于游乐,不理国事,国力耗费殆尽。越王勾践乘虚而入,出兵攻打吴国,达到了报仇复国的目的,这里面,西施的功劳很大。

趣事有感

作为中国四大美女之首的西施，本名施夷光，春秋时期越国美女，后人尊称为"西子"，今浙江省诸暨市苎萝村人。她出身贫寒，自幼随母在江边浣纱，故又称"浣纱女"。她天生丽质、秀媚出众，是美的化身和代名词。

在当年西施浣纱之处诸暨，系一大方石，古朴苍褐，上镌"浣纱"二字，为东晋大书法家王羲之手笔。

南北朝刘宋孔灵符《会稽记》云："诸暨苎萝山，有西浣纱石。"

《舆地志》《十道志》《嘉泰会稽志》亦载："勾践索美女以献吴王，得诸暨苎萝山卖薪女，曰西施。山下有西施浣纱石。"

历代文人学士喜作歌骊之行，唐代诗人李白《送祝八之江东赋得浣纱石》云："西施越溪女，明艳光云海。未入吴王宫殿时，浣纱古石今犹在。"

在吴越之争硝烟散尽之后，美女西施的结局，后世有各种各样的传说：

第一，愧疚自缢说。

第二，被范蠡带走说。

第三，被范蠡沉湖说。

第四，被吴人沉江说。

第五，被勾践沉江说。

第六，被越后沉江说。

虽然西施这样的美女成了政治的牺牲品，命运对她是不公的，但是，我比较喜欢"被范蠡带走说"，让绝世美女有一个好的结局。

多年前，我去浙江诸暨市演讲，还专门参观了西施故里。

真是个：

沉得鱼儿到水底，迷得夫差无所以。范蠡带得西施走，浪迹天涯再传奇。

78. 昭君美落南飞雁

"落雁"指的是王昭君，她在中国四大美女中排行第二。

汉元帝竟宁元年（公元前33年），匈奴首领呼韩邪单于主动来朝，对汉称臣，并请求和亲，汉元帝挑选了王昭君作为和亲对象。

昭君告别故土，登程北去。一路上黄沙滚滚、马嘶雁鸣，使她心绪难平，遂于马上弹奏《琵琶怨》。凄婉悦耳的琴声，美艳动人的女子，使南飞的大雁忘记了摆动翅膀，纷纷跌落于平沙之上，落雁便由此成了王昭君的雅称。

据《西京杂记》记载，汉元帝因后宫女子众多，就叫画工画了像来，看图召见宠幸。宫人都贿赂画工，独王昭君不肯，所以她的像被画得最差，不得见汉元帝。后来匈奴来求亲，汉元帝就按图像选王昭君去，临行前才发现昭君优雅大方、容貌最美，悔之不及，追究下来，就把毛延寿、陈敞等画工都杀了。

趣事有感

王昭君，名嫱，字昭君，乳名皓月，今湖北省宜昌市兴山县人，是中国古代四大美女之一的"落雁"。

　　传说2000多年前在长江西陵峡秭归县宝坪村，住了个叫王忠的庄稼人。这个庄稼人因为一直没有孩子，便到附近的屈原庙进香许愿，祈求得到一个像屈原那样忠于国家、热爱人民的后代。结果真的很灵验，八月十五日夜里，他的妻子梦见一轮明月投入怀中，不久便生下一个比天仙还标致的姑娘，这就是王昭君。昭君从小聪明伶俐，勤奋好学，心地善良，忧国忧民，特别喜欢望月吟唱，父母就为她建了一座楼，起名望月楼。

　　王昭君后来成了汉元帝时期的宫女，后远嫁匈奴呼韩邪单于。王昭君抵达匈奴后，被称为宁胡阏氏。昭君和呼韩邪单于共同生活了三年，生下一子，取名伊屠智伢师，封为右日逐王。

　　王昭君的美貌固然被世人爱慕，但是，人们更加称颂她的是为了维护汉匈关系，远嫁他乡，是使汉匈关系稳固长达半个世纪之久的重要因素，而"昭君出塞"的故事也千古流传。

　　至于画工与王昭君之间是否有这起恩怨，只是民间广为流传的版本，但是，许多文人墨客也据此为文、吟诗作赋，多有评论。

　　吴雯《明妃》："不把黄金买画工，进身羞与自媒同。"

　　王安石的《明妃曲》："归来却怪丹青手，入眼平生未曾有。意态由来画不成，当时枉杀毛延寿。"

　　欧阳修的《明妃曲再和王介甫》："虽能杀画工，于事竟何益？耳目所及尚如此，万里安能制夷狄。"

　　真是个：

　　落雁皆出美貌因，远嫁匈奴更是情。昭君出塞传千古，民族大义为稳定。

79. 美得月亮躲云后

中国四大美女之一的貂蝉，被人形容为"闭月"。

貂蝉是三国时汉献帝的大臣司徒王允的义女，国色天香，有倾城倾国之貌。当时朝廷被奸臣董卓操纵，于是貂蝉月下焚香祷告，愿为义父王允分忧，忽然轻风吹来，一块浮云将那皎洁的明月遮住。这时正好被王允瞧见。王允逢人就说，月亮比不过貂蝉的美丽，躲到云彩后面去了。因此，貂蝉被人们称为"闭月"。

貂蝉为拯救汉朝，由王允授意施行连环计，使董卓、吕布二人反目成仇，最终借吕布之手除掉了恶贼董卓。

之后貂蝉成为吕布的妾，董卓部将李傕击败吕布后，她随吕布来到徐州。

下邳一役后，吕布被曹操所杀，貂蝉从此不知所终。

趣事有感 ══════════════════

貂蝉在正史中是否有此人，无从考证。

貂蝉最早出现于《三国演义》前身《三国志平话》中。貂蝉只是她的小名，本姓任，是吕布的原配妻子，两人失散后貂蝉流落他乡，沦为王允的婢女。

　　王允得知其身世后，心生一计，设家宴款待太师董卓，让貂蝉与董卓见面。王允又设宴招待吕布，让他与原配妻子相认，并承诺改日让他们正式团聚。之后王允便送貂蝉到董卓家，董卓误以为是王允献给自己的厚礼，喜出望外，当晚便共赴云雨之好。吕布得知董卓的行为后，勃然大怒，提剑入堂杀害醉倒的董卓。

　　在《三国演义》中，貂蝉则是因遭十常侍之乱，出宫避难，为司徒王允收留为歌女。貂蝉见东汉王朝被奸臣董卓操纵，在月下焚香祷告上天，愿为主人解忧。恰巧为王允瞧见。于是，王允便将貂蝉收为义女，定下连环美人计，离间董卓与养子吕布。王允先把貂蝉暗地里许配给吕布，再明着把貂蝉献给董卓做妾。貂蝉嫁给董卓之后就对吕布暧昧送情，周旋于父子二人之间。

　　一日，吕布趁董卓上朝时，入董卓府探望貂蝉，貂蝉和吕布相约来到凤仪亭幽会。貂蝉假意向吕布哭诉被董卓霸占之苦，吕布听说之后愤而发怒。正巧被董卓回府撞见，他抢过吕布的方天画戟，直刺吕布。吕布飞身逃走，从此两人互相猜忌，王允便说服吕布，铲除了董卓，从而留下"吕布戏貂蝉"的传说。

　　真是个：

　　明月羞见貂蝉貌，躲在云后暗暗眺。王允巧施连环计，董卓吕布先后遭！

80.贵妃醉酒也羞花

杨贵妃，人称中国四大美女中的"羞花"。

杨贵妃名芙蓉，字玉环，今山西永济人，出生于四川崇州。

杨玉环17岁被册封为寿王妃，后来被公公唐明皇李隆基霸占。

杨玉环进宫后思念家乡。一天，她在花园赏花散心，对着盛开的花说："花呀，花呀！你年年岁岁还有盛开之时，我什么时候才有出头之日呢？"

杨贵妃一边说一边不由自主地去摸花，她刚一摸花，花瓣立即收缩，绿叶都打起卷来。这一幕被一宫娥看见。宫娥到处说："杨玉环和花比美，花儿都含羞低下了头。"

因此杨贵妃被称为"羞花"。

有人说，其实，杨贵妃和宫女们一起到宫苑赏花，是无意中碰着了含羞草，草的叶子立即卷了起来，"羞花"只是一种误传。

唐玄宗天宝十五年（756年），因安史之乱杨贵妃随李隆基流亡蜀中，途经马嵬驿，禁军哗变。为稳军心也为解众怒，李隆基杀奸相杨国忠，赐杨贵妃三丈白绫。一代贵妃享尽荣华富贵却缢死于马嵬坡下，从此香消玉殒、魂归尘土。

　　唐宪宗元和元年（806 年），白居易创作了脍炙人口的名篇诗作《长恨歌》。其中，最经典的诗句"回眸一笑百媚生，六宫粉黛无颜色"形容的就是杨贵妃。

　　唐玄宗之所以特别宠爱杨贵妃，是因为：

　　一是杨贵妃天生丽质，肌肤白皙如凝脂，有着倾城倾国之美，她位列中国四大美女，她的美是公认的。特别是杨贵妃在醉酒后、在起舞时，更是美之极也。唐人素以丰腴为美，杨玉环"凝脂胭华"，偏偏丰腴得没有一丝赘肉，"肤白如雪"，"面映红霞"，仿佛天仙下凡尘，娇羞中带着一点俏皮，就连花儿见到了都要含羞闭合。

　　二是杨贵妃身美体丰，着羽服霓裳，能歌善舞，娇艳若花，又擅长跳旋律快的西域舞蹈。据说，有一次，玄宗提议将中原的乐器与西域的 5 种乐器配合演奏。当时玄宗兴起，竟不顾尊卑，跳下舞池，手持羯鼓，让杨玉环弹奏琵琶，轻歌曼舞，昼夜不息。可见，对熟悉音律、会作曲、能舞蹈的玄宗而言，杨贵妃正合他的口味，更有魅力。

　　而且，与其他美女、六宫粉黛相比，杨贵妃有一种贵气和后天训练出来的气质。打马球时，仪态万千；骑马时，英姿飒爽，雍容华贵，惊艳过人。是男子岂有不动心的？更何况唐玄宗本就是一位多情种。

　　这大唐皇帝为了博得杨贵妃的欢心，每逢荔枝成熟的季节总要派专人通过每五里、十里的驿站从四川（有的说从广东、福建）驰运带有露水的新鲜荔枝。"一骑红尘妃子笑，无人知是荔枝来。"

《长恨歌》中的"长恨"，是诗歌的主题，是故事的焦点，也是埋在诗里的一颗牵动人心的种子。杨贵妃令唐玄宗神魂颠倒，几乎亡国；杨贵妃由"专宠"变成"失宠"之人；马嵬坡一段白绫命归西，其中的爱恨情仇，集结在一曲凄美的《长恨歌》中，而"恨"什么，为什么要"长恨"，自有因果，后人猜详！

真是个：

羞花之态传美谈，回眸媚笑似天仙。长恨绵绵无尽时，凄美故事人嗟叹。

作者出版的其他作品

《创新思维与创造力》

81. 中国第五大美女

传说林黛玉不仅"系出名门"，更有仙界来历。

宝玉和黛玉原来都是天上的仙人。宝玉本来在天上是赤瑕宫的神瑛侍者；黛玉的前身，本是西方灵河岸上三生石畔的绛珠仙草。神瑛侍者每天出来，以甘露浇灌，才使得绛珠仙草能够健康地成长，始得久延岁月，脱了草木之胎，幻化人形，修成女体，叫作绛珠仙子。因受到赤瑕宫神瑛侍者天天以甘露灌溉，终日游于离恨天外，饥餐秘情果，渴饮灌愁水。只因尚未酬报灌溉之恩，故下凡以后，成了林黛玉；神瑛侍者，下凡以后就成了贾宝玉。于是，黛玉就要把她一生的眼泪，还给天上的神瑛侍者宝玉，其中郁结着一段缠绵不尽的情意。

又是一段凄美的爱情故事。

趣事有感

我始终坚持，中国四大美女西施、王昭君、貂蝉、杨贵妃之后，第五位美女应该是《红楼梦》中的林黛玉。林黛玉是神仙，她比神仙还神仙，比神仙还美。人都没有见过神仙，那就见一见林黛玉吧！

《红楼梦》中曹雪芹笔下的林黛玉，是这样的一个人：

既有钟鼎之家的尊贵，又不乏书香之族的高雅。两弯似蹙非蹙笼烟眉，一双似喜非喜含情目。态生两靥之愁，娇袭一身之病。泪光点点，娇喘微微。娴静似娇花照水，行动似弱柳扶风。心似比干多一窍，病如西子胜三分。人漂亮、气质好、智商高、诗文好。

林黛玉13岁进大观园，年龄虽小，但举止言谈不俗，身体面庞虽怯弱不胜，却有一段自然的风流态度。

贾雨村对林黛玉的评价："不与近日女子相同，度其母必不凡，方得其女。"

王熙凤本人长得漂亮，没有几个人能入她的法眼，而且为人刻薄，对他人挑剔多多，她见林黛玉，却说了这样一番话："天下真有这样标致的人物，我今儿才算见了！况且这通身的气派，竟不像老祖宗的外孙女儿，竟是个嫡亲的孙女，怨不得老祖宗天天口头心头一时不忘。"

与西施、王昭君、貂蝉、杨贵妃四位美女相比，林黛玉是一个美丽而才华横溢的少女，而且对爱情专一，没有成为政治的牺牲品，更没有成为达官贵人的玩偶。虽然性格、心态、情绪不太好，比较任性，但这与她自幼父母早丧、寄居贾府、孤苦伶仃有关，使她"自矜自重，小心戒备"，为保持自己纯洁的个性，她始终"孤高自许，目下无尘"，言语"比刀子还厉害"。

我很赞同学者吕启祥对林黛玉的一段评价：

"林黛玉不仅是《红楼梦》的第一女主人公，在某种意义上，也可以看作整个中国文学史的第一女主人公。她是凝聚着本民族文化的华粹精英……如果说，把天地灵秀之所钟的女儿喻为花，那么，林黛玉就是花的精魂；如果说，把生活心灵化而流泻为诗，创造了充满诗意的真正的艺术，那么它所创造的林黛玉形象就最富诗人气质，是诗的化身。"

真是个：

古代美女何其多，黛玉应算第五个。美若天仙本是仙，才华气质皆倾国！

82. 孟郊短诗显真情

唐朝德宗年间，孟郊任江苏省溧阳县县尉。一天晚上，他正在书房里看书，看了一会儿，觉得有些累了，站起身来，走到窗前。这时，只见窗外明月当空，晚风轻拂。他抬头眺望明月，一股思乡之情涌上心头。

回想自己几十年寒窗苦读，直到46岁才中了进士，做了一个小小的县尉。而这几十年来，老母亲为自己寒窗苦读付出了多少心血啊！

回想自己两试不第，每次赴京赶考出门前，白发老母亲总是忙前忙后，为自己准备行装。特别是这次出门来做小官前的晚上，母亲坐在昏暗的油灯下，一针一针地为自己缝衣服。母亲一边缝，一边小声念叨着："多缝几针，缝得密实一点儿，才结实、耐穿。出门在外要多保重身体，早点儿回来，别让娘在家惦记……"

孟郊想到这些，不禁鼻子一酸，流下泪来。他想，母爱是多么伟大！老母亲现在在做什么呢？她冷吗？她饿吗？她睡下了吗？

孟郊想到这里，一股激情在胸中回荡。他返身回到书案前，挥毫写道：

慈母手中线，游子身上衣。临行密密缝，意恐迟迟归。

谁言寸草心，报得三春晖。

趣事有感

　　唐代著名诗人孟郊，因其诗作多写世态炎凉、民间苦难，故有"诗囚"之称，与贾岛并称"郊寒岛瘦"。孟郊的诗作现存有500多首，以五言古诗最多。

　　孟郊的这首诗很流行，带着感情读它，会让人潸然泪下。可以说，孟郊的这首诗，只需要十秒钟就能读完，但感动的泪水会在心里流一辈子。因为，"寒冷"的孟郊写出了"母子之情"最炽热的温度。

　　有人说，中国最美莫过于古诗词。在中华传统文化中，古诗词是最具代表性的、最有品位的一种，它是以古体诗、近体诗和格律词为代表的中国古代传统诗歌，亦是汉字文化圈的特色之一。

　　诗，可追溯到《诗经》，词始于梁代，形成于唐代而极盛于宋代；诗是自由取题目的，词必须有词牌名；诗较为适合"言志"，而词则更适合"抒情"；不合乐的为诗，合乐的称为歌，现代统称为诗歌。而词则是在音乐的土壤中萌芽的，音乐性是词体文学的最基本特征；诗有律诗和绝句，有七言和五言之分，格律诗句式整齐划一，古诗长短随意；诗词的押韵规则也不同：格律诗只用平声韵，一韵到底，隔句压韵，首句可压可不压；词平仄通压，中间可以换韵，韵脚疏密不定，但由格律规定；诗词的对仗规定也很不相同，格律诗第二、第三两联必须对仗，而词的对仗却灵活得多，没有统一的要求；诗的语言偏于自然清闲，词的语言偏于精工华美；诗是语言艺术，但词更是精美的语言艺术。从风格和意境看：诗庄词媚，诗显词隐，诗刚词柔，诗境阔词言长。

在中国历史长河中，有名的诗句、词句太多太多，出了很多诗人、词人等，例如诗人有李白、杜甫、白居易，词人有李清照、纳兰性德，等等。

真是个：

古诗古词古韵味，平仄格律多妩媚。千载传承古文明，万代文化放光辉。

83. 庄子论井底之蛙

古时候，一只浅井的青蛙见到一只东海大鳖，便兴致勃勃地对它说："我可快乐啦！出来就在井栏边跳来跳去，进去就在井壁砖缝中休息；跳入井中，水就泡着我的两腋和腮；游到浅处，泥汤就没过我的脚。我独占一井之水，螃蟹和蝌蚪都没法跟我相比，你何不也下来看看？"

东海之鳖来到井边，左脚还没进去，膝盖就已经被卡住了。东海之鳖慢慢退了出去，然后对这只浅井青蛙讲述了大海的样子："用千里之遥这样的字眼儿，不足以说明大海的广阔；用千仞之高这样的词，不足以量尽它的深度。大禹时十年九涝，海水没显出增加了多少；商汤时八年七旱，海水也并不见减少多少……"浅井的青蛙听得目瞪口呆，惊恐万分，茫茫然若有所失，它如何能想到还有比它的一方水井更大的世界呢？

趣事有感

这是庄子在《庄子·秋水》里讲的一个成语故事，"井蛙不可以语于海者，拘于虚也"。说的是井底的蛙只能看到井口那么大的一片天，比喻见识狭窄的人。

成语是中华文化中一颗璀璨的明珠。成语太多太多，成语故事也很多很多。成语，众人皆说，成之于语，故成语，它是中国汉字语言词汇中定形的词。

成语一共有5万多条，其中96%为四字格式，亦有三字、五字甚至七字以上，比如，"醉翁之意不在酒"。宋朝范仲淹的《岳阳楼记》，有"先天下之忧而忧，后天下之乐而乐"之语，意思很好，但因字数较多的关系，就没能形成成语，我们只能视为警句，有时可以引入文章。而如"吃苦在前，享乐在后"这样的词容易说，也容易记，便可以成为成语。而同在《岳阳楼记》中的一句"百废俱兴"，因为是四个字，所以就成了成语。

但有人说，成语的字数多的有16字：智者千虑，必有一失；愚者千虑，必有一得。

成语是中华传统文化的一大特色，有固定的结构形式和固定的说法，表示一定的意义，在语句中是作为一个整体应用的，承担主语、宾语、定语等成分。

成语有很大一部分是从古代传承下来的，在用词方面往往不同于现代汉语，它代表了一个故事或者典故。有些成语本身就是一个微型的句子。成语又是一句现成的话，跟习用语、谚语相近，但是也略有区别。

真是个：

长期沿用固定成，语言精美有诗韵。而今传承再发扬，璀璨明珠中华魂。

84. 旦角留下了胡须

1937 年日军占领上海后不久，京剧名旦梅兰芳决定尽快离沪赴港，摆脱日军纠缠。

梅兰芳来到香港后，深居简出，不愿露面。

1941 年 12 月下旬，日军侵占香港，梅兰芳苦不堪言，担心日本人会来找他演戏，怎么办？他与妻子商量后，决心蓄胡子，罢歌罢舞，不为日本人和汉奸卖国贼演出。他对友人说："别瞧我这一撮胡子，将来可有用处。日本人要是蛮不讲理，硬要我出来唱戏，那么，坐牢、杀头，也只好由他了。"

1942 年 1 月，香港的日本驻军司令酒井看到梅兰芳蓄着胡子，惊诧地说："梅先生，你怎么留起胡子来了？像你这样的大艺术家，怎能退出舞台？"梅兰芳回答说："我是个唱旦角的，如今年岁大了，扮相不好看，嗓子也不行，已经不能再演戏了，这几年，我都是在家赋闲习画，颐养天年啊！"酒井一听，十分不悦，气呼呼地走了。过了几天，酒井派人找梅兰芳，一定要他登台演出几场，以表现日本统治香港后的繁荣。正巧，此时梅兰芳患了严重的牙病，半边脸都肿了，酒井获悉后无可奈何，只好作罢。

趣事有感

梅兰芳先生是蜚声世界的京剧第一名旦，他的一生，都献给了国粹京剧事业。

清高宗乾隆五十五年(1790年)，中国南方的四个徽剧班三庆班、四喜班、和春班、春台班(称为四大徽班)陆续来到北京。

第一个进京的徽班是以唱"二黄"声腔为主的"三庆班"，由于其声腔及剧目都很丰富，逐渐压倒了当时盛行于北京的秦腔。许多秦腔班演员转入徽班，形成徽秦两腔的融合。

随后，另外三个徽班——"四喜班""春台班"和"和春班"也来到北京，使盛行多年的昆剧逐渐衰落，昆剧演员也多转入徽班。

清道光年间(1828年前后)，湖北演员进京，带来了汉调(楚调、西皮调)，许多汉调艺人，加入徽班，与徽班同台演出，西皮与二黄合流，形成所谓的"皮黄戏"。

这时，在京师里形成的皮黄戏，受到北京语音与腔调的影响，有了"京音"的特色。后来，由于他们经常到上海演出，上海人就把这种带有北京特点的皮黄戏叫作"京戏"，也叫"京剧"。

又由于京剧在京师的迅速发展，使其艺术水平在中国戏曲中名列前茅，后来在全中国流行，所以也被称为"国剧"。京剧，中国五大戏曲剧种之一，是中国的国粹。中国的国粹

有很多，其中誉满中外的中国京剧、中国武术、中国书法、中国医学，被世人称为"中国的四大国粹"。

已有 200 多年历史的京剧，它的表演艺术趋于虚实结合的表现手法，最大限度地超脱了舞台空间和时间的限制，以达到"以形传神，形神兼备"的艺术境界。中国的戏曲有很多，除了京剧，还有越剧、川剧、黄梅戏、昆曲、秦腔，等等，京剧是具有全国影响力的大剧种。它的行当全面、表演成熟、气势宏美，是近代中国戏曲的代表。

包括京剧，中国戏曲中人物角色的行当分类，按传统习惯最典型的是"生、旦、净、末、丑"。"旦"是女角色的统称，如"当家花旦"之说；"生""净"两行是男角色；"末"，中年以上的男性，末行专司引戏职能；"丑"行中除有时兼扮丑旦和老旦外，大都是男角色。

根据演员的表演艺术风格和艺术特点，京剧又分为一些著名的流派，并且这种风格特点得到师承和传播。一个剧种中出现不同的流派是艺术发展的必然产物，多种流派的形成是艺术昌盛的反映。京剧旦角主要分为四大流派：梅派、程派、荀派、尚派。

2010 年 11 月 16 日，京剧被列入"人类非物质文化遗产代表作名录"。

法国荒诞戏剧家让·热内说：京剧的主题、结构、表现手法精妙绝顶。

英国著名戏剧理论家和舞美设计家戈登·克雷说：中国

京剧与西方任何其他戏剧相比，更是一种独立而优秀的艺术
形式。

苏联著名剧作家特莱杰亚考亚考夫说：中国戏剧蕴含着
一种理性和国际性戏剧的种子，它那精湛的艺术表达方法可
以唤醒并引导饱受磨炼的群众去争取一个美好的世界。

这真是：

国粹首推京戏剧，中华传统雅文化。戏里戏外戏人生，
艺术瑰宝展芳华。

作者出版的其他作品

《培养高情商孩子》

85. 霍元甲武术世家

一提到中国武术，人们马上想到元末的张三丰。近代著名爱国武术家有霍元甲、叶问和李小龙等。

霍元甲出身武术世家，排行第四，自幼体弱多病，其父不许他练武，也不让他跨入习武房，习武心切的霍元甲只有偷看他的父兄练武。夜深人静时，他便独自一人在枣园里练习，从不间断。经父亲和其他高手指点，十多年后，他练就了一身高超武艺。

1901年，一俄国大力士在天津自称"世界第一大力士"，并说"第二是英国人""第三是德国人"。32岁的霍元甲听后愤怒地说："难道我国竟无一人吗？"便挺身而出，前往较量。这位俄国大力士被霍元甲的英雄气概吓着了，便老老实实地登报更正。

趣事有感

中国武术也是中国的国粹。

中国武术源远流长。中华民族，是一个文化之邦、礼仪之邦、文明之邦，同时也是一个尚武之邦。

武术是古代军事战争中一种传承的技术。习武可以强身健体，亦可以防御敌人进攻。

早在原始社会，强弱争斗，一方动戈，继而出现"武"；另一方要制止武，就用武器消弭战争，甚至为了维护和平，也出现了"武"。止戈为武。

"武术"一词最早见于南朝人颜延之的《皇太子释奠会作》，其曰："大人长物，继天接圣；时屯必亨，运蒙则正；偃闭武术，阐扬文令；庶士倾风，万流仰镜。"文中的武术，即军事。

不仅是战争与军事，就是民间的许多人，也多有练习武术的。作为中华民族的生存技能，并用它来强身健体，提振人的精气神。到了清代末期，出现了"功夫"，其实，它是"武术"的别称，它是个人在武术上的应用和造诣。

现代武术，还发展到了表演，发展到了竞技武术。

中国传统武术伴随着中国历史与文明发展，走过了几千年的风雨历程，成为维系中华民族生存和发展的魂，承载中华儿女基因构成的魄，成为中华传统文化的瑰宝。

真是个：

武术中华魂，武功精气神。止戈方为武，弘扬"双文明"。

86. 遥念嫦娥贡月饼

传说嫦娥是远古时候一个英雄后羿的妻子。

当时十日齐出，非常炎热，庄稼都晒焦了，给神州大地带来了巨大的灾难。后羿为民除害，射落九日，留下一个太阳，人们终于得以正常生活，后羿因此为天下人所敬慕。

他听说昆仑山西王母那里有一种"不死药"，这种药，一人吃了可以升天成仙，两个人分吃就可以长生不老。于是，他跋山涉水，前往讨取，终于得到。

后羿与嫦娥夫妻恩爱，他舍不得心爱的妻子，也舍不得众乡亲，不愿意一个人升天成仙，就把药带回家交给了嫦娥保存。

后羿有个叫逢蒙的徒弟，是个奸佞小人，在八月十五趁后羿出猎，威逼嫦娥交出不死药。嫦娥为使不死药不落入坏人手中，便一口吞了下去。不料吞下药后，她身轻如燕地不由自主飞上了月宫。后羿便在院子里设下供案，摆上瓜果食品，还有嫦娥喜欢吃的饼子，对月遥念嫦娥。

人们也纷纷仿效，以后年年如此，于是便形成了八月十五吃月饼的习俗。

趣事有感

农历八月十五日，为中华民族的传统节日中秋节，家人团圆，赏月，吃月饼，吟诗念词，成为中华传统文化的重要习俗，而吃月饼是重头戏。

关于月饼的来历，传说很多：

其一，古代中秋祭拜月神的供品。沿传下来，便形成了中秋吃月饼的习俗。早在殷周时期，江浙一带就有一种纪念太师闻仲的边薄心厚的"太师饼"，此乃中国月饼的"始祖"。

其二，起源于唐代。《洛中见闻》曾记载：中秋节新科进士在曲江宴会时，唐僖宗令人送月饼赏赐进士。

其三，有一年中秋节，李隆基和杨贵妃吃胡饼赏月。风流成性的李隆基故作风雅，觉得胡饼不好听想改名。便问杨贵妃，杨贵妃抬头一看，看到一轮满月高高地挂在空中。就像这个圆胡饼，便脱口而出——"月饼"。李隆基听了，拍手叫绝。"月饼"一名由此传开了。

其四，北宋皇家中秋节喜欢吃一种"宫饼"，民间俗称为"小饼""月团"。苏东坡有诗云："小饼如嚼月，中有酥和怡"。南宋吴自牧的《梦粱录》一书，已有"月饼"一词。

其五，对中秋赏月、吃月饼的描述，直到明代的《西湖游览志会》才有记载："八月十五日谓之中秋，民间以月饼相赠，取团圆之义。"到了清代，关于月饼的记载就多起来了，而且制作越来越精细。宋代的文学家周密，在

记叙南宋都城临安见闻的《武林旧事》中首次提到"月饼"之名称。

其六，到了明代，中秋吃月饼才在民间逐渐流传。当时心灵手巧的饼师，把嫦娥奔月的神话故事作为食品艺术图案印在月饼上，使月饼成为受人们青睐的中秋佳节的必备食品。

其七，清代，中秋吃月饼已成为一种普遍风俗，且制作技巧越来越高。

到了现代，国家在中秋节设置了小长假，吃月饼便成了过中秋节必备的一个项目。

月饼的种类越来越多，各种档次的都有，月饼也成了一种礼品、工艺品，形成了一种饮食文化、月饼文化、民俗文化、节日文化。

这真是：

天上一个大月饼，桌上一个大月亮。中秋赏月月更圆，明月月饼分外香。

87. 粽子到底谁吃了

公元前278年农历五月初五，楚国大夫、爱国诗人屈原听到秦军攻破楚国都城的消息后，悲愤交加，心如刀割，虽有心报国，却无力回天，于是选择以死明志，毅然写下绝笔《怀沙》，抱石投入汨罗江，以身殉国。

沿江百姓纷纷引舟竞渡前去打捞，沿水招魂，以免鱼虾糟蹋屈原的尸体，一位老医师则拿来一坛雄黄酒倒进江里，说是要药晕蛟龙水兽，以免伤害屈大夫。百姓们为免鱼虾侵蚀屈子，就纷纷将米粮投入江中，希望鱼虾只顾吃这些米粮而不损伤屈子肉身。

后来，屈原托梦百姓说，米粮投入江中实则被江中的蛟龙所食，如果用艾叶包裹，再绑以五色绳，则可以免遭蛟龙吞食，这才有了后来的粽子。慢慢地，在每年的五月初五，就有了龙舟竞渡、吃粽子、喝雄黄酒的风俗，以此纪念爱国诗人屈原。这一习俗绵延至今，已有两千多年。

趣事有感

端午节吃粽子，就像中秋节吃月饼一样，是中国传统习

俗中的重要部分。

农历五月初五的端午节，与春节、清明节、中秋节并称中国四大传统节日，又被称为端阳节、龙节、重午节、龙舟节、正阳节、浴兰节、天中节等，是中国民间的传统节日，上古百越先民创立用于祭祖的节日，后来附会纪念屈原了。

2006年5月，国务院将其列入首批国家级非物质文化遗产名录；自2008年起，被列为国家法定节假日。2009年9月，联合国教科文组织正式批准将其列入《人类非物质文化遗产代表作名录》，端午节成为中国首个入选世界非物质文化遗产的节日。

粽，也称"角黍""筒粽"等，最初是作为端午节拜神祭祖的供品；到了晋代，已经遍及全国各地并被正式定为端午节节庆食物。端午食粽之风俗，千百年来在中国长盛不衰，已成了中华民族影响最大、覆盖面最广的民间饮食习俗之一，而且流传到朝鲜、日本及东南亚各国。

每年五月初五，中国百姓家家浸泡糯米、洗粽叶、包粽子，其花色品种更为繁多。从馅料看，北方多包小枣的北京枣粽；南方则有豆沙、鲜肉、火腿、蛋黄等多种馅料，其中以浙江嘉兴粽子为代表。

在中国当下，端午文化因粽子而更加丰富，更加实在，更有诱惑力，更有节日的感觉。

这真是：

有棱有角有心肝，来自洁白受熬煎。端午佳节必备物，吃入口里赛神仙。

88. 元宵佳节元宵缘

古时，一富翁员外家生有一独生儿女，貌美如花，贤淑端庄，识字懂文，二八佳人，待字闺中。邻居穷小子王秀才，虽然文采很好，读书勤奋，深爱员外家小姐，却因家境贫寒，始终未获员外应允。

员外家小姐特别喜欢吃元宵，一口气能吃十多个。

有年元宵节，全家人商量好，吃完元宵，就外出街上赏花灯、猜灯谜，好好地闹元宵。

员外家小姐知道晚上要吃元宵，中午饭就草草地吃一点点，专等晚上吃元宵。

到了晚饭时，小姐见一大碗元宵端了上来，喜不自胜，大口大口地吃了起来。这时，小姐吃到第三个元宵时，由于心急，一个大大的元宵竟然卡在喉咙里，一口气喘不上来，昏死过去。

家人报告员外，员外急令家人去外面请医生，家人一会儿回来说，医生也出门看闹元宵了，没有找到医生。众人眼见小姐脸色由红变白，竟然没有了气息。全家呼天喊地地大哭。

这哭声惊动了隔壁的王秀才，他敲门询问所哭何事，家人一五一十地告之。

王秀才急忙跑进员外家小姐的闺房，来到小姐床前，嘴

对着小姐的嘴大口吸气，又用手卡住小姐的喉咙一挤，只听"噗"的一声，元宵从小姐的口中喷出。一会儿工夫，小姐苏醒过来，有气无力地说了一句话："元宵太好吃了！"

后来，员外将宝贝女儿嫁给了王秀才。

趣事有感

都是元宵惹的祸，全靠元宵结良缘。

元宵，是一种食物；元宵节，是一个节日。

元宵节，又称上元节、小正月、元夕或灯节，为每年农历正月十五日，是中国的传统节日之一。正月是农历的元月，古人称"夜"为"宵"，正月十五日是一年中第一个月圆之夜，所以称正月十五为"元宵节"。元宵节习俗自古以来就以热烈喜庆的观灯为主。

元宵节是中国与汉字文化圈地区以及海外华人的传统节日之一。元宵节主要有赏花灯、吃汤圆、猜灯谜、放烟花等一系列传统民俗活动。此外，不少地方在元宵节还增加了要龙灯、要狮子、踩高跷、划旱船、扭秧歌、打太平鼓等传统民俗表演。

2008 年 6 月，元宵节入选第二批国家级非物质文化遗产。

元宵是中国传统小吃之一，属于元宵节节庆食品。元宵和汤圆，在很多情况下是混用的，其实它们有区别。

在我国的北方，叫元宵的多；南方多叫汤圆，也叫汤团。

北方的"滚元宵"有这样的特点：

（1）在制作上，元宵要比汤圆烦琐得多：首先需将肉馅和好，凝固的馅切成小块，过一遍水后，再扔进盛满糯米面的笸箩内滚，一边滚一边洒水，直到馅料沾满糯米面滚成圆球方才大功告成。

（2）由于制作工艺不同，元宵比汤圆的口感要粗糙一些。

（3）元宵的馅料相对单一，传统元宵以甜馅为主，馅料多为白糖芝麻、桂花什锦等。

（4）元宵煮后，汤会比较浓，跟糯米面粥似的，表皮松软，馅料硬实有"嚼劲"，果香和米香浓郁。

南方的"包汤圆"有这样的特点：

（1）汤圆的做法有点儿像包饺子，但不用擀面杖，一般是现做现吃。

（2）汤圆越软越滑，就越好，所以对糯米原料很讲究。好的汤圆很难工业化生产出来，这又是它与元宵不同的一个特点。

（3）汤圆的馅料更为丰富，涵盖甜、咸、荤、素，在传统甜馅的基础上加入肉丁、火腿丁等馅料。

（4）南方的汤圆有多种"流派"，现在最出名的是宁波的"黑洋酥"汤圆，吃起来口感极佳。

这真是：

元宵佳节闹元宵，闹元宵时吃元宵。元宵汤圆本一物，共添喜庆好热闹！

89. 书圣题字饺子店

据说书圣王羲之少年的时候，经常外出求师学书法，所以就常常在外食宿。

有一天，他经过一个热闹的小镇，见一家饺子铺门口生意兴隆，热闹非凡。好奇的王羲之也急忙挤上去看热闹，只见饺子铺的门旁两边写有一副对联，特别引人注目："经此过不去，知味且常来。"门匾上写的是"鸭儿饺子铺"，只是字写得不好。王羲之本来就是一个好美食者，当下看罢，心想，何不进去尝尝，加上觉得"鸭儿饺"之名也颇怪异。

于是，王羲之就走进了饺子铺，拣一静处坐下，招呼店小二上饺子。不一会儿，一盘热气腾腾、清香扑鼻的饺子送上了桌，咬一口，皮薄馅多，鲜香盈口。王羲之觉得平生从未吃过如此美味的饺子，联想对联所言，确实不虚。再看那饺子包得玲珑精巧，碗内略有汤水，如同浮水嬉戏的鸭儿，真是巧夺天工。

饺子吃完之后，余兴未尽，于是想和店主见上一面，经店小二指点，他绕过矮墙见一白发老太太坐在面板前，边擀饺子皮边包馅，动作干净利落，转眼即成。包完之后，随手将饺子抛过墙去，一个个像小鸭子依次越墙飞入沸腾的大锅中。

王羲之看呆了，他从未见过如此精妙的包饺子场面，更为老人家那娴熟的手艺所感动。于是向前施礼，询问老人家多长时间能练成如此高超的功夫，老太太顺口答道："熟练五十载，深练需一生。"

王羲之听后略有所悟，又继续问道，门口对联为何不请人写得好一点。老太太听后，气便不打一处来，愤愤地说："相公有所不知，怎么不想呢，只是不好请啊！就拿那个刚刚有点名气的王羲之来说吧，都让人们给捧得长翅膀了，眼看就上了天。说句实在话，他写字的那点功夫，还不如我这掷饺子的功夫深呢！"

一席话把王羲之说得面红耳赤，于是忙向老人家行礼，并告诉老人家他就是王羲之，赶紧令人研墨，恭恭敬敬地给老太太写了一副对联。

从此，这家饺子铺就挂上了王羲之写的对联，生意更加兴隆了。

经过这件事，王羲之深深地认识到了自己写字的功夫还不够，于是就更加虚心地刻苦练字，终于成为我国历史上最伟大的书法家之一。

趣事有感

中国不少地方的人都喜欢吃饺子，特别是北方人。

据三国魏人张揖著的《广雅》记载，那时已有形如月牙称为"馄饨"的食品，和如今的饺子形状基本类似。

到南北朝时，馄饨"形如偃月，天下通食"。据推测，那时的饺子煮熟以后，不是捞出来单独吃，而是和汤一起盛在碗里混着吃，所以当时的人们把饺子叫"馄饨"。这种吃法在我国的一些地区仍然流行，如河南、陕西等地的人吃饺子，要在汤里放些香菜、葱花、虾皮、韭菜等小料。

大约到了唐代，饺子已经变得和如今的饺子一模一样，而且是捞出来放在盘子里单独吃。

宋代称饺子为"饺耳"；元朝称饺子为"扁食"；明朝叫"匾食"；清朝时，出现了诸如"饺儿""水点心""煮饽饽"等有关饺子的新称谓。

民间春节吃饺子的习俗在明清时已经相当盛行；就是现在，中国的民风民俗中，饺子已经成为春节不可缺少的节庆食品。为什么？一是饺子形如元宝。人们在春节吃饺子取"招财进宝"之意。二是饺子有馅，便于人们把各种吉祥的东西包到馅里，以寄托人们对新的一年的乞望。三是饺子的确好吃，应该算食品中的佳品、上品、优品。

这真是：

饺子本是好东西，三国传来好珍奇。此物何止春节吃，桌上佳肴岂能离！

90. 晏殊诚实得离奇

宋朝有个人叫晏殊，他家境贫寒，但是，父母教育他要好好读书，做人要诚实，不要欺诈，所以，远近都知道晏殊是个诚实的孩子。

晏殊 7 岁的时候，文章就写得很好了。

晏殊 14 岁时，有人把他作为神童推荐给皇帝，皇帝召见了他，并要他与 1 000 多名考进士的人同时考试。

在考试的时候，晏殊发现考题是自己 10 天前刚练习过的，就如实向真宗报告，并请求改换其他题目。

宋真宗非常赞赏晏殊的诚实品质，并赐给他"同进士出身"，晏殊长大以后，成了一个很有学问的人，年纪轻轻就被皇帝任命为辅佐太子读书的东宫官。

趣事有感

大千世界，无奇不有，宋朝晏殊这样诚实的人，的确少见！

一般而言，考试时遇到了自己熟悉的考题，这是天大的好事，也不是自己作弊而为，把试题做好了，可能就是一次

鲤鱼跃龙门的机会，也许是偶然，却千载难逢，但是，晏殊选择了向皇上如实汇报，这不是一般意义上的诚实，已经超过了凡人想象的诚实。也许有人会认为晏殊很傻，但是，像晏殊这样诚实的人，恰恰是具有大智大慧的。

当然，晏殊的结局是很好的，也应该有好的结局。这正好印证了"好人有好报"。

"诚信是最重要的财富"，这是习近平总书记多次讲过的话。

我们要说，一个人如果讲诚信，没有财富，最终财富会滚滚而来；一个人如果不讲诚信，就算是有了财富，最终也会付诸东流。

这真是：

宋人晏殊近乎傻，天知地知还有他。诚实终是大智慧，留得美名传天下。

91. 北宋牛人有章衡

与苏轼同科考试的章衡，中了状元，苏轼称他是"百年无人望其项背"的人。

章衡成为状元后，一次被宋朝派遣出使辽国。

当时的辽国尚武，北宋是辽国最大的竞争对手，而北宋当时重文轻武，这次又是派遣状元出使辽国，辽国皇帝知道在文的方面是占不到便宜的，但是，想在武的方面羞辱他一番。

在酒宴上，辽国官员提出射箭助兴。

章衡作为出使辽国的宋朝的最高代表，欣然同意，但当时在座的宋朝官员都不敢作声，只是用眼睛盯着章衡。

只见章衡不慌不忙，拿出箭来，随手挽弓。连射十箭，箭箭射中靶心，辽国也无人能比，辽国皇帝见章衡文武双全，佩服得五体投地，再也不敢刁难他，给予盛情款待。

不仅如此，章衡在辽国期间，还着重关注辽国的军事布防，载誉归来后，还带回来了辽国的布防军情。

趣事有感

　　章衡，今福建省南平市浦城县人，后举家迁至浙江省杭州市富阳区常绿镇。宋仁宗嘉祐二年（1057 年）状元及第。著有《编年通载》。

　　古代的状元，分文状元和武状元，像章衡这样文武兼备的状元实属罕见。正因为他文武兼备，出使辽国时，才为宋朝既挣了脸面，又拿回了军情。

　　其实，章衡与苏东坡还有一段不解之缘。

　　世人都知道，苏堤是北宋苏轼任杭州知州时所修，后人念其功故命其名。但是工程的最初倡议者却不是苏轼，而是他的好友章衡。

　　苏轼到达杭州时，西湖已经水涸草长，淤积严重，残破不堪。苏东坡集合大家的智慧，化劣为优，变废为宝，将堆积如山的淤泥水草筑成一条近三公里长的大堤，不仅节省了治理成本，还为南北交通提供了便捷通道，为西湖增添了一道靓丽风景——苏堤。

　　在关于西湖治理的过程中，苏轼曾给章衡写过一封求助信："您劝告和鼓励我治理西湖，现已着手并已粗具规模，想必您一定会不遗余力继续帮助我的，请您将贵府罚没的船只尽数给我，多多益善，我需要大约四百只，请您派人送来。本州别的东西还好，就是缺乏士兵，也请您一并帮助。非常感谢，非常感谢。"

结果，章衡对修建苏堤、治理西湖鼎力相助。

所以，苏东坡对章衡的为官、做学问以及才华，评价都很高。

这真是：

文武兼备状元郎，章衡辽国射箭强。修建苏堤提建议，鼎力相助几倾囊。

作者出版的其他作品

《修炼阳光心态》

92. 纪晓岚本是笑星

纪晓岚少时便有"神童"之誉，虽调皮捣蛋却也金榜题名。

都知道纪晓岚才高八斗，其实，纪晓岚还是一个笑星，甚至是皇帝身旁的一个活宝。

有一次，纪晓岚陪同乾隆皇帝游大佛寺。君臣二人来到天王殿，但见殿内正中放一尊大肚弥勒佛，袒胸露腹，正在看着他们憨笑。乾隆问："此佛为何见朕笑？"

纪晓岚从容答道："此乃佛见佛笑。"

乾隆问："此话怎讲？"

纪晓岚道："圣上乃文殊菩萨转世，当今之活佛，今朝又来佛殿礼佛，所以说是佛见佛笑。"

乾隆暗暗赞许，转身欲走，忽见大肚弥勒佛正对纪晓岚笑，回身又问："那佛也看卿笑，又是为何？"

纪晓岚说："圣上，佛看臣笑，是笑臣不能成佛。"

乾隆听后连连称赞纪晓岚善辩。

趣事有感

纪昀，字晓岚，今河北省献县人，是清朝政治家、文学家。

清高宗乾隆十九年（1754年）考中进士，入选翰林院庶吉士，历任左都御史、兵部尚书、礼部尚书、协办大学士，以太子太保、管国子监事致仕。一生学宗汉儒，博览群书，工于诗歌及骈文，长于考证训诂，曾任《四库全书》总纂官。晚年内心世界日益封闭，《阅微草堂笔记》正是他当时心境的产物。

民间流传的纪晓岚的故事很多，多是文学的、幽默的。他的故事还被搬上了银幕。张国立主演的《铁齿铜牙纪晓岚》就是很知名也很耐看的一部电视剧。

作为近臣，纪晓岚几乎成了乾隆皇帝的御用笑星，有不少经典段子流于民间。

有人说，若问古今笑星差在哪里？也就两字："文化。"

民间也流传了一则关于纪晓岚的负面故事"茶盐隐语"。

有一年，纪晓岚叫自己的贴身侍从张凯给亲家卢见曾送去一个木匣子，卢见曾打开一看，匣子里面除了一个信封，什么也没有。信封里面也没有信，却漏出来了几粒盐和一小撮茶叶。卢见曾一见这两样东西，恍然大悟，说道："我命不久矣。"

原来，卢见曾明白了，这是亲家纪晓岚在告诉他一个秘密：皇帝已经知道了他贪污盐政公款的事，朝廷要"盐茶"（严查）了。

卢见曾马上转移藏匿的财产，但还是没有经受住朝廷的严查，最终东窗事发。

　　和珅发现了纪晓岚的所作所为，上告了皇上，纪晓岚由此被发配到乌鲁木齐，他的亲家卢见曾也病死狱中。

　　看了这则故事，真让人唏嘘不已！

　　故事的真假无从考证，但是，有一点可见，纪晓岚的"盐茶"传递信息的确聪明，但是，民间也说了：聪明用于正道，越聪明越好；聪明用于邪道，越聪明越糟。纪晓岚不也是这样的吗？

　　真是个：

　　皇帝身边一笑星，纪昀才华担重任。幽默风趣大智慧，铁齿铜牙文化人。

93.《滕王阁序》显天才

唐高宗上元二年（675年）秋，唐代才子王勃前往交趾看望父亲，路过南昌时，正赶上都督阎伯屿新修滕王阁落成，重阳日在滕王阁大宴宾客。

王勃前往拜见，阎都督早闻得他的名气，便请他也参加宴会。

阎都督此次宴客，是为了向大家夸耀女婿孟学士的才学。让女婿事先准备好一篇序文，在席间当作即兴所作书写给大家看。

宴会上，阎都督让人拿出纸笔，假意请人为这次盛会作序。大家知道他的用意，所以都推辞不写，而王勃一个十多岁的青年晚辈，不知高低，竟不推辞，接过纸笔，当众挥笔而书。

阎都督老大不高兴，拂衣而起，转入帐后，教人去看王勃写些什么。

听说王勃开首写道"豫章故郡，洪都新府"，都督便说："不过是老生常谈。"

又闻"星分翼轸，地接衡庐"，都督沉吟不语。

等听到"落霞与孤鹜齐飞，秋水共长天一色"两句，都督不得不叹服道："此真天才，当垂不朽矣！"

于是，都督连忙回到席上，把王勃拉到身旁，赞不绝口……

趣事有感

王勃，今山西河津人，唐代文学家。出身儒学世家，与杨炯、卢照邻、骆宾王并称为"王杨卢骆""初唐四杰"。

王勃自幼聪敏好学，据《旧唐书》记载，他6岁即能写文章，文笔流畅，被赞为"神童"。9岁时，读颜师古的《汉书注》，作《指瑕》十卷以纠正其错。16岁时，应幽素科试及第，授职朝散郎。王勃历时三年游览巴蜀山川景物，创作了大量诗文，主要文学成就是骈文，无论是数量还是质量，堪称一时之最，代表作品有《滕王阁序》等。

唐高宗上元三年（676年）冬，长安城里传颂着王勃脍炙人口的《滕王阁序》。一天，唐高宗也读到这篇序文，见有"落霞与孤鹜齐飞，秋水共长天一色"句，不禁拍案，惊道："此乃千古绝唱，真天才也。"

读一读八句序诗，连声叹道："好诗，好诗！作了一篇长文字《序》，还有如此好诗作出来，真乃旷世奇才，旷世奇才！当年朕因斗鸡文逐斥了他，是朕之错也。"于是唐高宗问道："现下，王勃在何处？朕要召他入朝！"太监吞吞吐吐答道："王勃已落水而亡。"唐高宗喟然长叹，自言自语：

"可惜，可惜，可惜！"

真是个：

天才奇才小王勃，挥笔写序滕王阁。千古传唱好文章，永垂不朽堪名作！

作者出版的其他视频作品

《如何提高孩子的情商》

94. "一字千金" 王勃版

初唐诗人王勃于公元 667 年从京都来到南昌。在宴会中，无意中写下了千古名篇《滕王阁序》，接下来又写了序诗：

滕王高阁临江渚，佩玉鸣鸾罢歌舞。

画栋朝飞南浦云，珠帘暮卷西山雨。

闲云潭影日悠悠，物换星移几度秋。

阁中帝子今何在？槛外长江空自流。

诗中，王勃故意空了一字："槛外长江＿自流。"

然后把序诗呈给都督阎伯屿，便起身告辞了。

阎大人看了王勃的序诗，刚要发表溢美之词，却发现最后一句诗空了一个字，便觉奇怪。旁观的文人学士你一言我一语，对此发表各自的高见，这个说，一定是"水"字；那个说，应该是"独"字。阎大人听了都觉得不尽如人意，怪他们全在胡猜，皆非作者原意。于是，命人快马追赶王勃，请他把落了的字补上来。待来人追到王勃后，他的随从说道："我家公子有言，一字值千金。望阎大人海涵。"

来人返回将此话转告了阎伯屿，大人心里暗想："这分明是在敲诈本官，可气！"又一转念："怎么说也不能让一个字空着，不如随他的愿，这样，本官也落个礼贤下士的好名声。"于是便命人备好纹银千两，亲自率众文人学士，赶到王勃住处。王勃接过银子故作惊讶："何劳大人下问，晚生岂敢空字？"大家听了只觉得不知其意，有人问道："那所空之处该当何解？"王勃笑道："空者，空也。阁中帝子今何在？槛外长江空自流。"

大家听后一致称妙，阎大人也意味深长地说："一字千金，不愧为当今奇才。"

趣事有感

关于一字千金的故事，在中国历史上有多个版本。

战国末期，大商人吕不韦做了秦国的丞相，朝中的大小官员嘴上不说，心里却很不服气。吕不韦也知道自己的政治资历太浅，人们可能会在私下议论，他觉得提高声望的最好办法，就是写一本如《论语》《孙子兵法》那样的大作。于是，就让自己的三千门客，写出了《吕氏春秋》，共26卷，160篇文章。

书写成后，吕不韦命令把全文抄出，贴在咸阳城门上，并发出布告："谁能把书中的文字，增加一个或减少一个，甚至改动一个，赏黄金千两。"

布告贴出许久，人们畏惧吕不韦的权势，无人来自讨没趣。于是"一字千金"的佳话便流传至今。

王勃这首为《滕王阁序》所作的"序诗"，的确是有的，

而且写得非常好，与《滕王阁序》是绝配。关于有没有王勃因此"序诗"空一字而引发"一字千金"的事，正史中是没有记载的，但是，在民间却流传得很广。

这真是：

一字千金多版本，《吕氏春秋》有一份。王勃空出一个字，空着空也值千金。

95. 李煜无言上西楼

宋太祖为自己打下了江山大摆宴席，招待文武百官，朝廷上下喜气洋洋，一派欢歌笑语。可角落里坐着一位郁郁寡欢的人，没人拿正眼看他，他就是过去的风流皇帝、今日的"阶下囚"南唐后主李煜。

李后主强作欢颜喝下几杯闷酒，酸甜苦辣一齐涌上心头。今天宋太祖请他来参加宴会，分明是在羞辱他，可他又有什么办法呢？他看着眼前的场面，恍然回到了过去荣华富贵的日子，真是往事不堪回首啊！就在这时，宋太祖走过来面带讥讽地问道："听说你是江南才子，擅长吟诗作词，何不趁此大喜之日，吟唱你的得意之作，让我们欣赏欣赏呢？"

李后主岂敢违命，他略作沉思，就吟了一首《咏扇》诗。宋太祖听了连连称好，众官员也都随声附和，太祖无不讥讽地说："你当初要是把作诗的功夫用来治国，也不会有今天了，可惜，可惜啊！"

宴罢人散，夜已深沉。李后主独自迈着沉重的脚步登上西楼。这时一弯残月挂在天空，不堪回首的往事历历在目。他推门进屋，点灯提笔，把他满腹的故国之思、亡国之恨倾诉在《相见欢·无言独上西楼》一词里："无言独上西楼，月如钩。寂寞梧桐深院锁清秋。剪不断，理还乱，是离愁。

别是一般滋味在心头。"

趣事有感

李煜，南唐元宗李璟第六子，生于江苏南京，南唐最后一位国君。

宋太祖开宝八年（975年），李煜兵败降宋，被俘至汴京（今河南开封），授右千牛卫上将军，封违命侯。世称南唐后主、李后主。

李煜精书法、工绘画、通音律，诗文均有一定的造诣，尤以词的成就最高。李煜的词，继承了晚唐以来温庭筠、韦庄等花间派词人的传统，又受李璟、冯延巳等的影响，语言明快、形象生动、用情真挚，风格鲜明，其亡国后的词作更是题材广阔，含意深沉，在晚唐五代词中独树一帜，对后世词坛影响深远。

而上面所述的《相见欢·无言独上西楼》，是一阙脍炙人口的词。这首词感情真挚，深沉自然，突破了他花间词以绮丽腻滑笔调专写"妇人语"的风格，是宋初婉约派词的开山之作。词里面许多语句都经常被后人引用，"剪不断，理还乱"，引用频率最高。虽然该词读起来令人伤感，但是，我很喜欢吟诵它。

这真是：

唐去宋来风水转，几家欢乐几家怨。后主名词意深沉，犹训滋味何伤感！

96. 妙对联成 "双喜肉"

宋朝王安石年轻时赴京赶考，到了江宁的马家镇。只见人来人往，热闹非凡。一打听，原来是该镇首富马员外在征联择婿。当地人皆称：马员外家有万贯钱财，只有一女。此女不仅俊秀，而且自幼熟读 "四书" "五经"，琴棋书画无所不通。马员外视女为掌上明珠，依女以文对诗选婿，小姐所出的对联难住了许多人。

他细一打听，这上联是小姐出的："天连碧树春滋雨，雨滋春树碧连天。"求下联。王安石略一思索，对出了 "地满红香花连风，风连花香红满地"。

众人齐声称好，小姐也很满意。于是王安石与其约好科考后完婚。无巧不成书，考场上收毕试卷，主考官又另出一题，"地满红香花连风，风连花香红满地"，求对上联。

王安石心里一动，暗想，"此乃天助我也！" 于是对道："天连碧树春滋雨，雨滋春树碧连天。" 主考官闻言大喜，十分赞赏。

不久，王安石依约回到马家镇与小姐举行婚礼。正在进行时，传来王安石高中状元的消息，这真是喜上加喜，王安石非常兴奋，亲自下厨烹饪菜肴，招待前来贺喜的亲朋好友，其中一道菜就是 "双喜肉"，别具特色，不仅味道好，而且

每块肉上都刻有一个并排的喜字。于是，这"囍"字就传开了，菜品也传开了。

趣事有感

历史上，确有王安石其人，状元郎不假，宋朝的大宰相，又是大文人、大才子。

在民间，的确流传着不少有文化的大家小姐出诗、出对联招婿的故事。

在民间，也确实流传了不少上京赶考的举人通过对对联获得美满姻缘的故事。

在坊间，也确实有一道并排着"囍"字的肉菜。

据说，王安石的确是在马小姐辅助下成就一番事业的。

当年，王安石觉得自己太幸运了，双喜临门，高中状元，又抱得美人归。在婚宴上，他意犹未尽，余兴未了，乘着酒兴，也对新夫人出了一上联："巧对联成双喜歌"，新夫人马上对了下联："俊状元结美丝罗"。于是，两位新人携手进入洞房。

把这些美妙的故事都放在王安石一个人身上，正史没有记载，也许只是民间的美好传说。

真是个：

美小姐出联选佳婿，大才子巧对获芳心。双喜肉喷香成名菜，王安石好事天下闻。

97. 善意谎言可原谅

古时候，某男家境不错，与妻子的感情很好，但不幸的是，他中年丧妻，悲痛不已。他没有再续弦，与一个儿子相依为命，并把儿子抚养成人。

他的儿子从小就喜欢读书，在乡试、会试中都取得了很好的成绩。这位先生培养教育孩子有很多好方法，其中一个重要的方法，就是当着孩子的面读书。

孩子睡觉一睁开眼睛，就看见父亲在读书；孩子从外面玩累了回到家里一看，父亲还在读书。于是，孩子从小也开始读书，后来参加科考，考出了不俗的成绩。

孩子长大成人，在外面做了官员。有一天，他让人带回口信，说第三天辰时要回家看望老父亲。这位当父亲的高兴得很，吃过早饭，就站在村口望向大道，盼望儿子回来，望眼欲穿。

哦，看见了，看见了，远远地看见儿子正朝家里走来。这位父亲赶快回家，找来一本书看起来。

儿子回到家里，一看，父亲正坐在家里读书，儿子好感动，对父亲说："父亲，我都离家做官了，您在家里还这么认真读书，我好敬佩您哟！"

一会儿，儿子又对父亲说："父亲，您把书拿反了！"

其实，这位父亲并不识字！

　　这可能只是一个笑话。古代可能有，在今天，也许也有。

　　这位父亲，虽然不识字，但是在孩子从小到大的成长过程中，他都能当着孩子的面读书，哪怕是装腔作势、装模作样，为的是让孩子也喜欢读书，也真难为这位父亲，在孩子面前装了那么多年，真是可怜天下父母心呀！

　　在今天的社会里，有不少父母，当着孩子的面不读书不学习，而是成天打麻将、"斗地主"，甚至赌博，有人说，你背着孩子的面打几把是可以理解的，但是，当着孩子面，你也读读书嘛！有的父母更可恶，在赌博的时候，"三缺一"时，还让孩子"凑个角儿"。当父母的，千万不能这样！

　　笔者将这个故事发到微信圈，有群友说：这不是欺骗孩子吗？我要说，善意的谎言是可以理解的！

　　这真是：

　　父亲读书影响子，儿子读书父欢喜。成才须得勤读书，天上馅饼怎落地？

98. 聪明反被聪明误

三国时的杨修是一个绝顶聪明的人，但他的确被自己的聪明弄丢了脑袋。

一次，曹操的后花园翻修完工了，负责主事的就请曹操来看怎么样，有啥不满意的好再改改。可是曹操转了一圈没说话，只是在院子门上写了个"活"字，转身就走了，让下人们丈二和尚摸不着头脑，不知道怎么办。

这时，曹操身边的杨修转身回来，看到他们在那儿琢磨门上那个"活"字是什么意思，就对他们说，这是丞相说你们这门弄窄了，门里加个"活"字，不就是"阔"嘛，就是让你们把门阔一下。

曹操知道这事后，一方面认为杨修的确聪明，另一方面，觉得他竟然能猜透自己的心思，心里很不是滋味。

还有一次，外邦给曹操送来一盒酥饼，曹操把这盒酥饼放在桌子上，在盒盖上写了"一合酥"三个字，转身就出去了。杨修来了后，就让众人将这盒酥饼分着吃了。曹操回来，问大家怎么把他的酥饼吃了呢？杨修说道："丞相，是您让我们吃的，您写的'一合酥'三字，不就是'一人一口酥'吗？"曹操听了，夸杨修真是聪明，还赏了他一些财物。可是曹操心里更生气，自己的心思他全知道了，身边有这样一个比自

己还聪明的人，这还了得？

一次曹操带兵出去打仗，前有马超据守，进不得；退又没面子，怕被人耻笑。这天晚上，曹操心里烦躁，正在喝厨师送来的鸡汤，碗里有几块鸡肋。碰巧部下来请求行军口令，曹操没有反应过来，口里还在念"鸡肋鸡肋"，部下就传令下去，今晚军中口令就是"鸡肋"。杨修听到"鸡肋"二字作口令，就对身边人说："鸡肋鸡肋，食之无味弃之可惜，曹丞相马上就要退兵回家，我们赶快收拾收拾自己的物品。"军营里很多人效仿。曹操知道后大怒："好个杨修，你怎敢扰乱我军心，推出去斩首。"就这样，杨修因自己的聪明丢了性命。

趣事有感

杨修的这些故事，正应了民间流传的："聪明反被聪明误！"

也可以说是《红楼梦》第五回中的"机关算尽太聪明，反误了卿卿性命"。

聪明本是好事，有智慧本是好事，但是，不能聪明过头。

第一，在公开场合不能表现得比上司更聪明。杨修显然犯了这个大忌。

第二，作为下属的杨修能猜透曹丞相的心思，这很正常，但是，如果把丞相的心思到处讲，则是大忌！

第三，杨修被杀头的根本原因，有人说，还是与曹操的政见不合，更要命的是，杨修介入了曹操选"太子"的事情，臣子与"王子"走得太近，这是犯大忌的。更何况，有"阔""一口酥""选太子"这些事在曹操心里梗着，于是，碰到了口令"鸡肋"这件事，杨修正好"撞到了枪口上"，必死无疑！

当然，据说曹操杀了杨修后，还是有些后悔的。

真是个：

世人都想很聪明，聪明也可被杀身。巧用聪明真聪明，杨修聪明误性命。

99. 时珍亲临辨真伪

李时珍为了写《本草纲目》踏遍青山尝遍百草，了解药草药物药性，他并不满足于走马观花式的调查，而是一一现场采视，对着实物一一比较核实，这样，弄清了不少似是而非、含混不清的药物。用李时珍的话说就是，"一一采视，颇得其真""罗列诸品，反复谛视"。

当时，太和山五龙宫产的"榔梅"，被道士说成"吃了可以长生不老的仙果"，他们每年采摘回来进贡皇帝，因而官府严禁其他人采摘。

李时珍本不信道士们关于此果食之长生不老之言，决心亲自采来试试，看看它究竟有什么功效。于是，他不顾道士们的反对，冒险采了一个。经研究，它的功效跟普通的桃子、杏一样，能生津止渴而已，是一种变了形的榆树的果实，并没有什么特殊的药用价值。

趣事有感 ━━━━━━━━━━━━━

李时珍，湖北蕲春县蕲州镇人，明代著名医药学家。后为楚王府奉祠正、皇家太医院判，去世后明朝廷敕封为"文林郎"。

李时珍自 1565 年起，先后到武当山、庐山、茅山、牛首山及湖广、安徽、河南、河北等地收集药物标本和处方，并拜渔人、樵夫、农民、车夫、药工、捕蛇者为师，参考历代医药等方面书籍925种，"考古证今、穷究物理"，记录上千万字札记，弄清许多疑难问题，历经27个寒暑，三易其稿，于明神宗万历十八年（1590年）完成了192万字的巨著《本草纲目》。此外，他对脉学也有研究。著述有《奇经八脉考》《濒湖脉学》等多种。被后世尊为"药圣"。

李时珍，世代业医，祖父是一个"铃医"。父亲李闻，号月池，是当地的名医。那时，民间医生地位很低，李家常受官绅的欺侮，所以，李闻决定让二儿子李时珍读书应考，以便一朝功成，出人头地。

李时珍自小体弱多病，但性格刚直纯真，对那些空洞乏味的八股文，怎么也学不进去。在14岁中了秀才后的9年里，3次到武昌考举人，都落第了，于是，李时珍放弃了通过科举考试谋取官职的打算，专心学医，并求得父亲答应。他对父亲说："我今年23岁了，老是考不上举人，您还是让我学医吧！"并且写下了表示决心的诗句："身如逆流船，心比铁石坚。望父全儿志，至死不怕难。"

父亲在冷酷的事实面前终于醒悟了，同意儿子学医的要求，并精心教儿子学医。不出几年，李时珍果然成为有名望的医生。

真是个：

仙果长生是误传，进贡宫廷帝受骗。要知榔梅啥滋味，亲口尝尝亲自验！

100. 乾隆帝茶之妙语

中国历史上的国王、皇帝几百近千人，据说活到70岁的才9个，年龄最长的是乾隆皇帝，享年88岁。绝大多数皇帝都是死在任上，而武则天和乾隆等人是少数生前从皇位上退下来并传位于子孙的。

乾隆皇帝认为，康熙老佛爷在位61年，那我乾隆不能超过，要"知老让位"，所以他在位60年就主动退位了。

据传，乾隆帝下定决心让出皇位给十五阿哥嘉庆时，许多大臣都力劝乾隆帝继续担当不要禅让，让"康乾盛世"的光环灿烂辉煌。

有一位大臣不无惋惜地劝谏乾隆皇帝道："国不可一日无君啊！"一生喜爱品茶的乾隆皇帝听了大臣的话，面带微笑，端起一杯御案上的香茶，轻轻地品了一口，对大臣说道："君不可一日无茶呀！"

乾隆皇帝并没有直接回答大臣的劝谏，而是用了一句玩笑话回应，却含蓄地表达了"我应该退位闲饮"之意。

趣事有感 ━━━━━━━━━━━━━━━

乾隆，清高宗弘历，清朝第六位皇帝。在位60年，起止时间为 1736 至 1795 年。

在这期间，中国已经发展到清朝历史的最高峰。乾隆重视社会的稳定，继续施行雍正的"摊丁入亩"制度，同时五次普免天下钱粮，三免八省漕粮，减轻了农民的负担，起到了保护农业生产的作用，人口大幅增长，清高宗乾隆六年（1741 年）中国历史上人口首次破亿，乾隆五十七年（1792 年）更是突破 3 亿。

在中国历史上，特别是封建王朝，皇帝都是终身制的，在任时禅让皇位的少之又少，而乾隆皇帝做到了，这不能不说是一大智慧。

上面这个故事中，大臣劝他继续当皇帝，他并没有动心，而是坚持"初念"，不能不说又是一大智慧。而乾隆帝用"君不可一日无茶"来回答大臣的"国不可一日无君"，真是答得又好又幽默，而且寓意深刻，暗含深意，真是大智慧也！

真是个：

退位闲饮茶有味，乾隆真是大智慧。茶之妙语回大臣，江山社稷方为贵！